페미니즘과 젠더고고학

Feminism & Gender Archaeology

우정연 지음

진인진

페미니즘과 젠더고고학

초판 1쇄 발행 | 2026년 1월 31일

지은이 | 우정연
발행인 | 김영진
발행처 | 진인진
등   록 | 제25100-2005-000003호
주   소 | 경기도 과천시 관문로 92, 101동 1818호
전   화 | 02-507-3077-8
팩   스 | 02-507-3079
홈페이지 | http://www.zininzin.co.kr
이메일 | pub@zininzin.co.kr

ⓒ 우정연 2026
ISBN 978-89-6347-667-4 93900

목차

표 목차

그림 목차

책머리에

필자가 젠더 연구를 처음 시작하게 된 것은 2003년 영국 케임브리지 대학에서 쏘렌센 선생님을 만나고 나서였다. 당시 필자는 박사과정생이었고, 쏘렌센 선생님은 필자의 지도교수 중 한 분이셨다. 남한지역 청동기시대 송국리유형 단계 권력과 사회변동에 대한 박사논문을 준비하고 있던 필자에게 쏘렌센 선생님은 첫 면담에서 '그렇다면 젠더와 행위성(agency)에 대한 공부부터 시작하라'고 조언하셨다. 선생님 앞에서야 '알겠습니다' 했지만, 마음 속으로는 의아했다. 무엇보다도 필자는 권력에 관심이 있는데, 젠더에 대해 공부하라고 하시니 말이다.

그런데 필자가 젠더 이론과 권력 연구와의 폭넓은 관련성을 깨닫는 데는 그리 오래 걸리지 않았다. 필자에게 젠더 이론의 가장 큰 강점이자 매력은 그 탈-자연화(de-naturalization) 효과이다. 우리의 일상 세계와 학문세계에서 당연한 것으로 여겨지는 것들을 통해 재생산되는 지배와 권력 관계에 눈을 뜨게 해 주는 젠더 이론의 비판적 관점을 필자는 높게 평가한다. 2014년 필자가 쏘렌센 선생님의 *Gender Archaeology* (Sørensen 2000)를 번역하여 『젠더고고학』(쏘렌센 지음/우정연 옮김 2014)을 출판한 이유도 이 때문이다.

페미니즘과 젠더고고학 사이의 관계에 대해서도 필자는 아래 쏘렌센 선생님의 연구 관점에 공감한다(쏘렌센 지음/우정연 옮김 2014: 4):

"지은이[쏘렌센]는 여성주의 인식론은 지식 구성과 주장에 사회적 환경과 연구자의 주관이 미치는 영향을 강조하면서, 또 한편으로는 여러 해석 중에서도 자신의 해석이 보다 진실에 가깝다는 주장을 한다는 점에서 자기 모순적임을 지적한다. 더 나아가 과학과 논리 구조 자체에 대한 여성주의적 비판이 극단적인 형태를 띨 경우, 과학적 또는 합리적이고 논리적인 남성 대 비합리적이고 감정적인 여성이라는 이분법적 사고를 재생산할 여지가 있음에 우려를 표한다. 이처럼 '규범적'인 학문 담론 밖에서 젠더 논의가 이루어질 때 나타날 수 있는 젠더 문제의 주변화를 피하기 위해 지은이는 '주류' 고고학과의 관계 속에서 젠더 문제를 풀어나가고, 그러면서도 동시에 기존 해석에 대한 비판적 시각을 잃지 않을 수 있는 방법에 대해 끊임없이 고민한다."

물론 독자들은 이 책에서 밝힌 필자의 입장이나 『젠더고고학』의 관점에 동의할 수도 있고 그렇지 않을 수도 있다. 어느 쪽이든 이 책이 한국고고학에서 젠더에 대한 연구와 논의가 활발해지는 데 일조할 수 있기를 바란다.

필자가 용기를 잃지 않고 '사람 사는(peopled)' 고고학을 할 수 있도록 함께 고민하고 격려해 주신 고려대학교 최종택 선생님과 조윤재 선생님, 부산대학교 임상택 선생님, 한국전통문화대학교 이기성 선생님, 서울대학교 하대룡 선생님과 이희경 선생님께 감사드린다. 연말연시 편집하느라고 고생하신 진인진의 배원일 선생님, 그리고 비주류 주제의 원고를 들고 와도 언제나 흔쾌히 출판을 맡아 주신 김지인 선배님께도 감사의 마음을 전한다.

2026년 1월

우 정 연

Ⅰ. 머리말

19세기 후반 서구에서 등장한 페미니즘은 흔히 물결 또는 파도(wave) 은유를 통해 세 단계로 구분된다. 이러한 은유는 페미니즘의 물결 또는 파도와 같은 성질, 즉 물결이나 파도가 밀려 오고 나가면서 이전의 것이 새로운 것의 일부를 이루는 성질을 잘 나타낸다. 즉 제3물결 페미니즘의 등장은 제2물결이나 제1물결 페미니즘의 어젠다가 다 해결되었다거나 그 중요성을 상실했음을 의미하는 것이 아니다. 페미니즘에서 새로운 물결은 사회적 상황의 변화에 따라 새로운 어젠다와 새로운 관점이 형성되어 나타날 수 있고, 그에 따라 기존 어젠다도 새로운 의미를 지녀 재해석될 수 있는 것이다.

페미니즘이 정치적으로 뿐만이 아니라 학문적으로도 본격적인 영향을 미치게 된 것은 제2물결 페미니즘을 통해서였다. 제2물결 페미니즘에서는 시공간을 가로질러 여자들 사이에 공유되는 보편적 경험이나 속성이 있다고 보았는데, 이에 대한 비판으로 여자들 내에서의 차이와 다양성을 강조하는 제3물결 페미니즘이 출현하였다. 이 책에서는 제2물결과 제3물결 페미니즘이 나름의 강점과 약점을 지녔다는 입장에서 양자의 강점을 비판적으로 종합해 볼 수 있는 방안을 그와 관련된 대표적인 고고학, 인류학 문헌 재검토를 통해 제시해 보고자 한다. 또 이러한 서구 학계에서의 논의가 한국 젠더고고학에 어떠

한 의미를 지니는지를 한국고고학에서의 젠더 연구 사례를 통해 살펴
보겠다.

'여성'의 보편성과 특수성

한국고고학에서 '젠더'에 대한 첫 연구는 김권구(2000)의 「선사시대 의
례와 사회적 성(gender)의 고찰」이다. 이 연구에서 김권구(2000: 1)는
젠더를 "생물학적 성(sex)과 구분되어, 시대와 장소, 종족에 따라 문화
적으로 다양하게 나타나는 사회적 성(gender)"으로 정의하였다.

그에 앞서 추연식(1997: 286-287)은 『인물로 본 고고학사』에서 호
더와 후기과정고고학을 소개하면서 후기과정고고학을 구성하는 여러
사조 중 하나로 페미니스트 고고학을 소개하였다. 추연식(1997: 286-
287)에 따르면, 서구 고고학에서 사회적 성(性)고고학, 즉 젠더고고학
은 1980년대부터 제기된 여성해방론자적인 페미니스트적 시각의 영
향을 받아 등장하였다(Conkey and Spector 1984; Gero 1985; Gero and
Conkey 1991). 추연식은 이러한 초창기 젠더고고학의 특징을 기존의
남성중심적 사고와 성별에 대한 선입관을 비판하고, 생물학적 성(sex)
을 가진 개체가 어떠한 맥락에서 어떠한 사회적 역할을 수행했는가,
즉 사회적 성(gender)을 밝히고자 한 것으로 보았다. 그리고 초창기 젠
더고고학을 과거 남성과 여성 사이의 관계에 대한 심층적 연구라고 요
약하였다.

과거의 권력관계와 물질문화에 대해 연구하고 있는 필자도 2010
년 「영미 젠더고고학의 최신 동향」(우정연 2010)에 대한 글을 쓰고,

2014년 유럽고고학에서 널리 인용되는 쏘렌센(Sørensen 2000)의 *Gender Archaeology*를 번역한『젠더고고학』(쏘렌센 지음/우정연 옮김 2014)을 출간하였다.

필자(우정연 2010: 28)는「영미 젠더고고학의 최신 동향」에서 호더(Hodder 1991: 168)와 쏘렌센(Sørensen 2005: 116)의 입장을 따라 젠더고고학과 페미니스트 고고학을 다음과 같이 비교하여 구분하였다. 젠더고고학과 페미니스트 고고학은 공통적으로 1970년대와 1980년대 여성운동의 영향을 받아 등장하였지만, 양자 사이에는 인식론적 기반과 정치적 입장에 있어서의 차이가 나타나 증대되고 있다. 따라서 젠더고고학과 페미니스트 고고학은 서로 밀접히 관련되어 있으면서도 상이한 고고학적 접근으로 보아, 후자가 '현대 페미니즘의 비판적 시각을 고고학적 작업의 기반으로 하는 분야'라면, 전자는 '과거 남성과 여성 사이의 관계 연구에 중점을 두는 분야'로 구분해 보았다.

이어 필자(우정연 2010: 28-29)는 길크리스트(Gilchrist 1999)와 와일리(Wylie 1991)를 참조하여 페미니즘과 젠더 이론의 고전적 3단계 구분안을 소개하였다.

먼저 길크리스트(Gilchrist 1999: 2-3)에 따르면, 제1물결 페미니즘은 1880년대에서 1920년대 공적 영역에서의 여성 권리에 주력한 참정권 운동을 지칭한다. 1960년대 후반에 등장한 제2물결 페미니즘은 공적 영역에서의 권리뿐만이 아니라 사적 영역에서의 해방에도 주목하였다. 이 부류는 여성이 억압받는 상황에 대한 근본적인 원인 규명을 위해 여성 경험의 보편성에 주목하였다. 제3물결 페미니즘은 1990년대 이후 탈구조주의의 영향을 받아 모든 여자들이 공유하는 본질적인 경험이나 속성이 있다는 사고를 비판하고, 여성과 남성의 관계와 함께 여자들 내에서의 차이에도 주의를 돌렸다. 이 부류에서 한 사람의 정체성은 젠더, 성별, 성적 관행, 연령, 인종, 사회적 지위 등등과 관련된 다중적 위치의 교차를 통해 형성된다고 이해된다.

다음 와일리(Wylie 1991: 31-32)에 의하면, 젠더 이론은 (1) 과학에서의 남성중심주의에 대한 비판, (2) 여성에 초점을 두는 "교정적(remedial)" 연구, (3) "성별/젠더 체계"(Harding 1983; Rubin 1975)에 대한 보다 넓은 재개념화의 3단계를 거쳐 전개되었다고 할 수 있다. 여기서 기억해야 할 것은 위 페미니즘이나 젠더 이론의 각 단계나 부류가 서로 단절적이거나 별개의 사조로 존재하는 것이 아니라는 점이다. 서두에서 '물결'의 은유적 의미와 관련하여 강조하였듯이 위와 같은 단계나 부류는 서로가 서로를 구성하고 새롭게 형성하는 과정으로서 존재하고 작동한다.

필자는 앞서 언급한 「영미 젠더고고학의 최신 동향」(우정연 2010)에서 개개인 사이와 안에서 복잡하게 교차하는 범주와 경험의 차이를 밝히고자 '몸'에 보이는 관심을 제3물결 페미니즘의 한 특성으로 꼽았다. 그리고 그러한 제3물결 페미니즘의 영향을 받은 체화(embodiment)와 성적 관행(sexuality)에 대한 고고학 연구를 소개한 바 있다(우정연 2010: 33-39). 이후 필자가 번역한 『젠더고고학』(쏘렌센 지음/우정연 옮김 2014)에서 쏘렌센은 위와 같은 제3물결 페미니즘의 영향으로 개인과 몸에 집중하느라 그들이 놓인 사회 체계와 구조를 제대로 보지 못하는 연구의 한계를 지적하고, 사람과 사회를 함께 고려할 수 있는 이론으로 관행 이론(practice theory)과 행위성 이론(agency theory)에 주목한다.

이처럼 한국고고학에도 제3물결 페미니즘의 특성 및 그러한 특성이 여성과 젠더에 대한 고고학 연구에서 지니는 강점과 약점에 대해 어느 정도 소개가 되었다. 그러나 그러한 제3물결 페미니즘 비판의 대상이 된 제2물결 페미니즘에 대해서는 대개 제3물결 페미니즘의 시각을 통해 단편적으로 다루어졌을 뿐이다. 그러나 제2물결과 제3물결 페미니즘 사이의 논쟁은 계속되고 있고, 필자가 보기에 제2물결 페미니즘에 대한 기존의 고고학적, 인류학적 비판에는 편파적인 부분이 있다. 이에 II장과 III장에서는 페미니즘이 고고학과 인류학에 본격적으로 도입되는 계기가 된 제2물결 페미니즘 관련 문헌을 중심으로 '여성'의 보편성과 특수성에 대한 고고학과 인류학에서의 논쟁을 재검토하겠다.

II장에서는 고고학에서 최초의 본격적인 젠더 연구로 꼽히는 콘키와 스펙터(Conkey and Spector 1984)의 "고고학과 젠더 연구", 초기 젠더고고학의 거두들이 모여 집필한 고고학을 젠더화하기: 여성과 선사시대(Gero and Conkey 1991), 보다 이론적으로 정향된 콘키와 게로(Conkey and Gero 1997)의 "관행 강령: 고고학에서의 젠더와 페미니즘"을 소개한다. 이 세 문헌의 비교 검토를 통해 1980년대와 90년대 전반 젠더고고학에서의 제2물결 페미니즘의 영향과 90년대 후반 제3물결 페미니즘의 영향을 볼 수 있을 것이다.

III장에서는 II장에서 살펴볼 젠더고고학 논의의 주요 배경이 되는 인류학 모델인 '사냥꾼 남성'(Washburn and Lancaster 1968), '여성의 세계사적 패배'(엥겔스 2012), '자연과 문화'(Ortner 1972, 1996)를 소개하고, 이에 대한 인류학 내외에서의 평가 및 논쟁을 살펴본다. 다음 제2물결 페미니즘에서 주목하는 여성의 보편성과 제3물결 페미니즘에서 강조하는 여성의 특수성을 함께 고려할 수 있는 모델로 '젠더 헤게모니'(Ortner 1990)를 제시한다.

IV장에서는 위와 같은 서구 젠더고고학의 직간접적인 영향을 받아 한국고고학에서 이루어진 젠더 연구를 세 부분으로 나누어 검토해 본다. 1절에서는 선사시대 젠더, 2절과 3절에서는 역사시대 젠더에 관해 다룰 것이다. 조금 더 구체적으로 얘기해보자면, 1절에서는 신석기시대-청동기시대 무기와 장신구, 2절에서는 신라 적석목곽묘 무기와 장신구, 3절에서는 고구려 고분벽화와 유교라는 측면에서 기존 젠더 연구를 검토해 볼 것이다.

Ⅱ. 페미니즘과 고고학

1. "고고학과 젠더 연구" (Conkey and Spector 1984)

고고학에서 본격적인 젠더 연구의 시작을 나타내는 연구물로 널리 인용되는 콘키와 스펙터(Conkey and Spector 1984)의 논문 "고고학과 젠더 연구"는 크게 두 부분으로 구성된다. 논문의 전반부에서는 고고학과 인류학에서의 남성중심주의를 비판하고, 후반부에서는 그러한 문제를 극복하고 젠더를 고고학적으로 연구하기 위한 방안을 제시한다.

젠더 신화

논문의 서론은 고고학 연구가 민족적 신화를 경험적으로 뒷받침하는 방식을 지적한 레오니(Leone 1973: 129)의 연구를 인용하며 시작한다. 콘키와 스펙터(Conkey and Spector 1984: 1)는 고고학 연구는 민족적 신화뿐만 아니라 젠더 신화의 경험적 입증에도 한 몫을 해왔다고 보기 때문이다. 그래서 콘키와 스펙터는 이 논문을 통해 고고학 연구가 남성적이고 여성적인 것의 의미, 남자와 여자의 역량과 권력관계 및 적합한 사회적 역할에 대한 문화적으로 특수한 일군의 믿음을 어떻게 뒷받침해왔는지를 밝히고자 한다.

콘키와 스펙터(Conkey and Spector 1984: 1-2)가 페미니즘의 비판적 시각을 통해 봤을 때 고고학은 젠더 문제에 대해 객관적이지도 포용적이지도 않았다. 또한 고고학에서는 젠더 개념화와 연구를 위한 명확한 틀이 부족하여 고고학자의 현대적 경험에 기반한 추론에 기대어 왔다. 이러한 경향에서 벗어나기 위해서는 과거의 젠더 연구에 적합한 이론과 틀, 개념과 용어를 개발해야 하는데, 이는 젠더 특정적인 것이 아니라 젠더 포용적인 것이어야 한다고 지적한다.

콘키와 스펙터(Conkey and Spector 1984: 2)는 기존 고고학 연구에서 젠더 구조나 젠더 행태가 전혀 다루어지지 않은 것은 아니라는 점을 분명히 한다. 젠더에 대한 본격적인 이론적, 방법론적 논의가 부재하는 상황에서도 젠더가 고려되기는 하였는데, 문제는 젠더에 대한 가정, 주장, 진술이 곧 젠더에 대한 "사실"로 여겨졌다는 점이라고 한다.

위와 같은 문제의식 하에 콘키와 스펙터(Conkey and Spector 1984: 2-3)는 두 가지 목적으로 이 논문을 작성하였다. 첫째는 고고학 연구에 알게 모르게 포함된 젠더에 대한 함의를 비판적으로 평가하여 현대의 젠더 이데올로기를 고고학이 "경험적"으로 입증 또는 정당화하는 방식을 검토하는 것이다. 둘째로는 이러한 젠더 신화를 벗어나기 위해 최근 인류학 내외에서의 페미니스트 연구 검토를 통해 젠더에 대한 고고학 연구에 비판적 시각을 제시하고자 한다.

남성중심주의

콘키와 스펙터(Conkey and Spector 1984: 3-4)는 젠더 편견이나 남성중심주의가 고고학이나 인류학에 한정된 문제는 아니지만, 고고학 연구에 개입된 젠더 편견의 상당 부분은 고고학자들이 참조하는 민족지 자료에서 기인한 것으로 본다. 콘키와 스펙터에 의하면, 인류학 연구에 만연된 젠더 편견은 1970년대부터 여러 페미니스트 인류학자들에 의해 지적되었다(Ardener 1975; Milton 1978; Rogers 1978; Rohrlich-Leavitt et al. 1975; Rosaldo and Lamphere 1974a). 특히 여러 남녀 인류학자들이 여성 응답자보다 남성 응답자의 관점을 신뢰하여, 남성 응답자의 관점이 [전체] 문화를 대표하는 것으로 여겨지고, 여성 응답자의 관점은 주변적이거나 예외적인 것으로 여겨졌다고 한다. 이와 같이 문화에 대한 남성중심적 관점에서, 여성은 종종 남성적 특성의 결여로서 기술되는데, 여성은 남성이 하는 무언가를 하지 않거나, 또는 남성이 가지고 있는 무언가가 없거나 부족한 존재로 기술되었다는 것이다. 이처럼 토착 문화에 대한 남성 응답자의 관점이 중요하게 여겨진 것은 최근까지 대부분의 민족지 학자가 남성이었고, 이들은 여성 응답자보다 남성 응답자에게 접근하였기 때문인 것으로 본다. 더 나아가 대부분의 인류학자들은 서구의 백인 중상류층 남성이었고, 이들의 인종, 계급, 젠더는 이들의 연구 관점, 특히 연구 주제 자체에 영향을 미쳤다고 지적한다. 그에 따르면 인류학 연구에서 중요하게 여겨지는 지도력, 권력, 전쟁, 여성 교환, 계승권, 자산 개념 등은 서구의 특정한 역사적 맥락과 사회정치적 구조 안에서 남성들이 특별한 관심을 갖는 주제들이라는 것이다(Sacks 1976; Van Allen 1972).

고고학에 영향을 미친 인류학에서의 남성중심주의를 위와 같이 지적한 후, 콘키와 스펙터(Conkey and Spector 1984: 5)는 고고학에서의 남성중심주의를 여성의 고고학적 "비가시성" 문제의 주요한 원인으로 꼽는다. 그에 따르면 고고학에서 여성이 남성에 비해 비가시적인 이유는 물질자료의 고유한 비가시성보다는 고고학에서의 그릇된 객관성 개념과 젠더 패러다임 때문으로서, 특히 배타적인 성별 노동 분업과 같은 문제가 있는 가정 때문이라고 한다. 이러한 고고학적 남성중심주의에 대한 대표적인 사례로서 콘키와 스펙터(Conkey and Spector 1984: 6-8)는 '사냥꾼 남성' 모델을 꼽는다.

그에 따르면(Conkey and Spector 1984: 6-8), 사냥꾼 남성 모델은 워시번과 랭커스터(Washburn and Lancaster 1968)에 의해 구체화되고, 러글린(Laughlin 1968)에 의해 정교화되면서 널리 확산되었다. 워시번과 랭커스터(Washburn and Lancaster 1968: 293)는 "매우 실제적인 의미에서 우리의 지성, 관심, 감정, 기본적인 사회적 삶 모두가 사냥 적응 성공의 진화적 산물"이라고 본다. 이에 대해 콘키와 스펙터(Conkey and Spector 1984: 8)는 '사냥의 젠더-특정적인 특성을 상정한 후, 인간을 유인원과 구분하는 생물체적, 생리적 특징과 관습 모두를 과거의 사냥꾼 덕분'(Washburn and Lancaster 1968: 303)으로 돌리는 모델이라고 비판한다. 이러한 모델은 남성과 여성에 대한 일군의 남성중심적 가정에 기반하는데, 이에는 남성과 여성의 활동, 역량, 상호 관계, 상대적인 사회적 위치와 가치, 인간 진화에 대한 공헌이 포함된다고 한다(Conkey and Spector 1984: 7). 여기서 콘키와 스펙터에게 문제는 (1) 과거 인간 행태에 대한 젠더-포함적이기 보다는 젠더-배타적인 재구성을 낳는 젠더-특정적 모델의 만연, (2) 엄격한 성적 노동 분업과 유물을 통해 성적 연관성을 상정하는 고고학적 관행(e.g. 화살촉은 남성, 토기는 여성), (3) 남성과 관련된 활동이나 역할을 강조하고 여성과 관련된 활동이나 역할을 낮게 평가하는 차별적인 가치 부여이다. 콘키와 스펙터에 의하면, 현대 성별 역할의 기원을 찾고자 한 페미니스트 학자들이 사냥꾼 남성 모델을 비판적으로 평가하여 그에 만연한 젠더 편견을 지적했고(Dahlberg 1981; Martin and Voorhies 1975; Morgan 1972; Slocum

1975; Tanner 1981; Tanner and Zihlman 1976; Zihlman 1978, 1981), 일부 수정(e.g. Isaac 1978a and 1978b; Lovejoy 1981)이 이루어지기도 했지만, 전반적인 틀은 달라지지 않았다(Zihlman 1982).

당시 콘키와 스펙터(Conkey and Spector 1984: 8)에게 위 사냥꾼 남성 모델이 지닌 문제는 초기 인간의 사회적 삶, 특히 엄격한 성별 노동 분업 및 집단 보호와 공급에서의 남성과 여성의 차별적인 공헌을 나타내는 자료의 부족이었다. 또 여자들은 임신, 출산, 수유와 관련된 생물체적 특성으로 인해 제약을 받고, 육아로 인해 이동성이 제한된다는 주장은 문화적으로 특수한 현대 서구적 믿음이 인류의 초기 조상에게 무비판적으로 반영된 이데올로기로 본다. 워시번과 랭커스터(Washburn and Lancaster 1968)가 사냥과 전쟁, 그리고 여성을 두고 벌이는 경쟁처럼 남성이 주체라고 가정되는 활동을 호미니드 진화에서의 핵심적 변수로 강조하는 것은 실제 선사시대 삶보다는 연구자들의 경험 및 관점과 관련되었다고 비판한다.

콘키와 스펙터(Conkey and Spector 1984: 8-9)에 의하면, 남성의 사냥이 인간 두뇌 용량 증대와 식량 운반 수단 개발 및 식량 공유 관행을 비롯한 사회문화적 정교화 및 인간 진화의 경로 결정에 영향을 미쳤다는 주장에 대한 비판과 대안이 페미니스트 인류학자들에 의해 제시되기도 하였다(Slocum 1975; Tanner 1981; Tanner and Zihlman 1976; Zihlman 1978). 대표적으로 샐리 슬로컴(Slocum 1975; 류웰린 1995; 김민정 2014: 108-109에서 인용)은 초기 인류 진화의 주역은 '사냥꾼 남성'이 아니라 '채집자 여성'이라고 주장한다. 그에 의하면, 초기 수렵채집사회에서 주요 식량 공급자는 채집자 여성이었고, 초기 도구도 여성의 채집을 위한 것이었다. 당시 채집은 식물의 종류 및 분포 위치 등에 대한 구체적인 정보와 지식을 요하는 전문 작업이었고, 또 여성이 채집을 하며 알게 된 동물이 지나간 루트 등을 남성에게 알려주는 방식으로 사냥을 도왔다는 것이다. 이러한 과정에서 여성은 계절 변화에 대한 지식과 지리에 대한 감각을 습득하고, 효율적인 식량과 아기 운반 도구 및 저장 용기를 발명했으며, 이를 통해 인간의 두뇌 용량 증대에도 공헌했다고 한다. 이 채집자 여성 모델에서 남성이 장거리 이동을 하여 대형동물을 사냥할 수 있게 된 것은 여성의 채집 활동을 통한 안정적 삶의 토대 마련 이후의 일이다. 이와 같은 페미니스트 비판과 대안 모델 제시 이후에도 사냥꾼 남성 모델의 기본적 틀에는 변함이 없었고, 사냥꾼 남성 모델 주창자들은 사냥과 고기 가공을 초기 호미니드 생활 양식의 중심으로 입증하는 방법론 개발에 주력하였다고 한다(Conkey and Spector 1984: 8-9). 이러한 상황에서 그러한 문제 설정이나 자료 자체에 대한 보다 근본적인 성찰은 이루어지지 않았다(ibid.).

사냥꾼 남성 모델에 대한 위와 같은 비판 후 콘키와 스펙터(Conkey and Spector 1984: 9)는 인간 삶에서 성별에 따른 구분은 "기본적 구조"(LaFontaine 1978: 7-8)라 할 수 있지만, 성별에 따른 노동 분업 정도는 문화적으로 다양하고, 시기적으로 역동적이며, 생산의 사회적 관계와 밀접히 관련되어 있다고 주장한다. 따라서 성별 노동 분업은 미리 상정되는 것이 아니라 구체적으로 분석, 설명되어야 한다는 것이다(Beechy 1978; Hartman 1975; Hochschild 1973).

이러한 서구중심적, 남성중심적 성별 분업 가정은 화살촉은 남성, 토기는 여성과 관련시키는 것처럼 유물 종류의 무비판적 성별화로 인해 더욱 문제가 되는데, 더 나아가 이는 유물이 해석되는 방식을 구조짓는다(Conkey and Spector 1984: 10-11). 이에 대한 구체적인 예로 콘키와 스펙터는 하워드 윈터스(Winters 1968)의 무덤 자료 해석 사례를 든다. 콘키와 스펙터는 윈터스의 연구를 '피장자 생전의 지위와 역할이 사후 시신 취급에 반영'(Pader 1982; Parker-Pearson 1982)된다는 안일한 가정에 기반할 뿐만 아니라, 더 나아가 윈터스는 이 가정을 남성과 여성에게 차별적, 비일관적으로 적용했다고 비판한다. 예를 들어, 절굿공이가 무덤에서 여성 인골과 함께 발견되면 여성의 식량 가공 활동을 나타내는 것으로 해석하지만, 절굿공이가 남성 무덤에서 발견되면 남성이 제작한 도구이거나 덜 여성적인 작업에 사용된 망치용 도구로 봤다는 것이다. 교역품 해석에서도 마찬가지로, 교역품이 남성과 함께 발견되면 남성의 교역 활동 통제를 나타내는 것으로 보지만, 여성과 함께 발견되면 여성이 교역에 참여한 것이 아니라 단지 그러한 교역품을 소유했던 것으로 봤다고 한다. 또 여성 무덤에서 자주 발견되는 창 또는 화살 발사기(atlatl)에 대해 순전히 의례적인 용도로 매납되었거나 공동체 소유물이었던 것으로 판단했다는 것이다.

콘키와 스펙터(Conkey and Spector 1984: 13-14)는 이처럼 기존 연구에서 여성의 공헌, 활동, 지각, 관점은 사소하게 여겨지거나, 전형화되거나, 또는 단순히 무시된다고 지적한다. 여성은 어머니와 아내 역할로 인해 가구 영역에 한정되어 그 활동과 이동성이 제한되었지만, 남성은 더 활동적이고 집단 유지와 보호에 있어 더 많은 책임을 져 더 중요하게 여겨졌다는 것이다.

남성중심주의를 넘어서

콘키와 스펙터(Conkey and Spector 1984: 14)에 따르면, 1970년대에는 서구 학계에서 젠더 연구물이 쏟아져 나왔는데, 당시의 젠더 담론

형성에서 페미니스트 인류학자들이 주요한 역할을 하였다(Atkinson 1982; Lamphere 1977; Quinn 1977; Rapp 1979). 아직 본격적인 젠더 고고학 연구물은 없었지만, 성별 역할 및 젠더 위계의 기원과 진화를 탐구한 연구가 인류학에서 이루어졌고(Dahlberg 1981; Rohrlich-Leavitt 1977; Slocum 1975; Tanner 1981; Tanner and Zihlman 1976), 대중서로도 발간되었다(Davis 1971; Diner 1973; Morgan 1972; Reed 1975). 또 증대된 민족지 자료를 통해 젠더 배열(gender arrangements)에서의 복잡성과 교차문화적 변이성을 인식하게 됐고, 이를 통해 여러 차원에 걸친 젠더의 물질적 표현에 보다 구체적으로 접근할 수 있게 되었다고 한다. 특히 콘키와 스펙터(Conkey and Spector 1984: 15)는 성별과 젠더 사이의 문화적으로 가변적인 관계에 대한 당시 페미니스트 연구의 주요한 전제를 잘 나타내는 관점으로 오트너와 화이트헤드(Ortner and Whitehead 1981b: 1)의 글을 인용한다:

> "젠더의 자연적 특질 및 섹스와 재생산의 자연적 과정은 젠더와 성적 관행(sexuality)의 문화 조직에 대한 암시적이고 모호한 배경을 제공할 뿐이다. 젠더가 무엇이고, 남자와 여자가 무엇이며, 어떠한 종류의 관계가 그들 사이에서 이루어져야 하는가 – 이 모든 관념은 생물체적으로 "주어진 것"을 단순히 반영하거나 정교화한 것이 아니라, 사회문화적 과정의 산물이다. 상이한 문화적 전통 *내에서* 생물체적 요인에 대한 강조 자체가 가변적이다; 어떤 문화에서는 남성-여성 차이가 거의 전적으로 생물체적으로 기반하고, 다른 문화에서는 생물체적 차이 또는 생물체적이라고 여겨지는 차이가 거의 강조되지 않는다."

콘키와 스펙터(Conkey and Spector 1984: 15)에 의하면, 당시 인류학에서의 페미니스트 연구는 주로 문화적 구성물로서의 젠더와 성적 관행, 그리고 그러한 구성과 조직의 근거, 과정, 결과에 주목한다. 연구자에 따라 시각이나 이론적 정향에 있어서는 차이가 있지만, 모두 젠더를 젠더 역할, 젠더 정체성, 젠더 이데올로기를 포함한 여러 상이한 차원을 지니고 있는 다면적이고 중요한 사회적 현상으로 본다(Kessler and McKenna 1978; Ortner and Whitehead 1981a). 여기서 콘키와 스펙터는 젠더 역할, 젠더 정체성, 젠더 이데올로기를 아래와 같이 정의한다:

> "**젠더 역할**은 특정한 문화적 환경 내 사회적, 경제적, 정치적, 종교적 제도에서의 남성과 여성의 차별적인(differential) 참여를 지칭한다. 젠더 역할은 사람들이 무엇을 하는가, 어떠한 활동과 행태가 젠더 범주에 적합한가를 기술한다. **젠더 정체성**은 자신이 여성 또는 남성인지에 대한 스스로의 느낌을 지칭한다. […] 이는 사회적으로 통용되는 젠더 범주와 일치할 수도, 일치하지 않을 수도 있다. **젠더 이데올로기**는 주어진 사회문화적 맥락에서 남성, 여성, 섹스, 재생산이 지니는 의미를 지칭한다. 이러한 의미 체계는 젠더 범주에 대한 규정과 금지를 포함한다. 여기서 중요한 것은 상징으로서의 젠더, 성적 관행, 재생산이다."

당시 페미니스트 연구자들은 젠더 구성 요소를 구분해 보면서 그러한 측면들이 문화에 따라 다를 수 있고, 각 요소가 서로에 대해 지니는 관계도 다를 수 있음에 주목하였다(Conkey and Spector 1984: 16). 예를 들어서, 남자와 여자가 수행하는 실제적인 활동에 있어서는 서로 다른 문화 간에 유사성이 관찰되더라도, 그러한 젠더 할당에 수반된 의미나 그러한 작업의 가치는 크게 다를 수 있다고 한다. 성별 역할과 젠더 이데올로기가 한 문화 안에서도 반드시 서로 들어맞지 않을 수 있다는 점도 중요하다(LaFontaine 1978; Wallman 1976). 어떤 역할은 남성 또는 여성에 의해 항상 성별 배타적으로 수행되는 한편, 다른 역할은 특정 성별과 관련된 개념적 또는 상징적 연관성에도 불구하고 실제로는 남성이나 여성 모두에 의해 유동적으로 수행될 수도 있다고 한다. 남성과 여성의 실제적인 활동 패턴과 그러한 활동이 남성과 여성에 대해 지니는 상징적 연관성은 다양할 수 있고, 또 시간의 흐름에 따라 변할 수도 있으므로 성별에 대한 지나치게 단순하고 고정적인 개념은 재고되어야 한다는 것이다.

위와 같은 페미니스트 연구에 대한 검토를 통해 콘키와 스펙터(Conkey and Spector 1984: 16)는 젠더를 "특정한 문화의 사람들이 자신이 누구이고, 무엇을 할 수 있고 해야 하며, 다른 이들과 어떻게 관계되는지를 정체화하는 방식의 핵심에 놓인 사회적 범주이자 복잡한 의미체계"로 개념화한다.

다음 콘키와 스펙터(Conkey and Spector 1984: 17)는 젠더에 대한 페미니스트 인류학에서의 접근을 (1) 인류학에서의 남성중심주의에 대한 페미니스트 비판, (2) "여성에 대한 인류학", (3) 성적 비대칭성과 관련된 문제, 또는 젠더 체계와 사회적 삶의 다른 측면 사이의 관계에 초점을 둔 페미니스트 이론의 세 부류로 구분한다. 이 세 부류는 기존 연구에 대한 비판으로부터 이론 구축으로의 시기적 발전을 나타내면서, 동시에 세 부류 모두 서로 영향을 미치며 정교화되고 있다고 한다.

위 세 부류 중 첫 번째인 인류학에서의 남성중심주의에 대한 비판에 대해서는 앞서 살펴보았다. 두 번째의 "여성에 대한 인류학"이란, 콘키와 스펙터(Conkey and Spector 1984: 17)에 따르면, 여성 권력과 영향력의 영역을 검토하고 여성을 분석의 중심에 두어 인간의 삶을 다시 검토하고자 한 시도를 지칭한다(Murphy and Murphy 1974; Rogers 1975; Rohrlich-Leavitt 1977). 이러한 연구는 교차문화적으로 여성이 수행한 넓은 활동 범위를 밝혀, 여성 역할이나 과업 수행에서의 제한을 상정하는 기존의 고정 관념을 문제 삼았다. 또한 기존에 남성 인류학자가 남성 응답자의 시각을 통해 제시한 문화상에 대해 재검토를 요구했다(Rohrlich-Leavitt 1977; Slocum 1975; Weiner 1976; Zihlman 1981).

위 세 부류 중 콘키와 스펙터(Conkey and Spector 1984: 18)는 세 번째, 즉 성적 비대칭성 또는 젠더 체계와 삶의 다른 측면 사이의 관계에 대한 이론에 초점을 둔 페미니스트 인류학을 가장 중요한 분야일 수 있다고 본다. 당시 이 분야에서 이루어진 대부분의 이론적 논의는 성별 비대칭성의 보편성과 표현에 주목하였다고 한다. 이러한 문제는 페미니스트 인류학의 고전이 된 *여성, 문화, 사회* Woman, Culture, and Society (Rosaldo and Lamphere 1974a)에서 본격적으로 다루어졌는데, 다음의 구절이 이러한 입장을 잘 요약한다: "모든 현대 사회가 어느 정도로 남성 지배적이고, 여성 종속의 정도와 표현에는 큰 변이가 있지만, 성별 비대칭성은 인간의 사회적 삶에 있어 보편적 사실이다"(Rosaldo and Lamphere 1974b: 3).

콘키와 스펙터(Conkey and Spector 1984: 18)는 위 *여성, 문화, 사회*의 연구를 인류학에서 성별 간 관계를 구조 짓고 사회 내 여성의 위치를 결정하는 경제적, 사회적, 이데올로기적 요소들을 집합적으로 고려한 최초의 본격적 시도라고 평가한다. *여성, 문화, 사회* 공동 저자들의 대부분이 남성 또는 여성의 특정한 성별과 특정하게 연관된 분야 또는 사회적 영역이 있다고 가정하는데, 바로 남성과 연관된 공적 영역, 여성과 연관된 가구적 영역이 그러하다. 이러한 성별에 따른 영역 구분에 대해 콘키와 스펙터는 이러한 개념화 자체 또는 적어도 그 보편성은 더 이상 받아들여지지 않는다고 하면서, *여성, 문화, 사회*의 공동 편집자 중 한 명인 로잘도(Rosaldo 1980: 397)의 입장을 인용한다:

> "[*여성, 문화, 사회*에서] 우리의 주장은 기본적으로 모든 인간 사회에서 성별 비대칭성은 활동의 가구적 영역과 공적 영역 사이의 대체적인 제도적 구분에 상응하는 것으로 볼 수 있다는 것이었다. 즉, 재생산과 정서적, 가족적 유대를 중심으로 형성되어, 여성에게 특히 구속적인 가구적 영역, 그리고 집합체, 법적 질서, 사회적 협동과 관련되고, 주로 남성에 의해 조직되는 공적 영역 사이의 구분말이다. 가구적/공적 구분은 […] 필연적이지는 않지만, 인간 역사와 인간 생물체적 특성의 상호적 수용을 거친 "이해할 만한(intelligible)" 산물이다. […] 이러한 관찰을 통해 우리는 만연한 젠더 불평등의 근원을 추적할 수 있다고 보았다."

콘키와 스펙터(Conkey and Spector 1984: 18)에 따르면, 위 *여성, 문화, 사회*는 성별 비대칭성의 보편성 및 여성 지위 연구에 적합한 방법과 연구틀에 대한 열띤 논쟁(Lamphere 1977)을 불러일으켰다. 여러 연구자들이 성별 비대칭성의 보편성이란 그렇게 보일 뿐 실제로는 그렇지 않으며, 그러한 외양은 가구적/공적 이분법과 같은 분석 범주 자체에 근거한 것이고, 이러한 사고 자체가 남성중심적 분석의 지속일 뿐이라고 비판했다고 한다. 또 가구적/공적 모델을 제안한 로잘도(Ro-saldo 1980)를 포함해 여러 연구자들이 이러한 이분법을 소규모 사회 또는 국가 이전 사회에 적용할 수 있는가에 대해 심각한 문제를 제기하였다고 한다. 콘키와 스펙터(Conkey and Spector 1984: 19)도 이러한 구분에 고유한 구조적 대립 및 그 젠더 연관은 서구산업사회를 기술하는 데에는 적합할 수 있으나, 그 외 사회에서는 젠더 관계의 구조와 특징을 왜곡한다고 비판한다.

콘키와 스펙터(Conkey and Spector 1984: 19)에 의하면, 위와 같은 여성 종속의 보편성 문제와 아울러 교차문화적으로 여성의 지위를 측정하고 비교할 수 있는 적절한 방법에 대한 논쟁은 계속되고 있지만, 인류학에서의 페미니스트 연구 대부분이 젠더 보편성보다는 젠더 변이성에 주목하고 있다고 한다.

젠더에 대한 페미니스트 인류학에서의 접근을 위와 같이 검토한 후, 콘키와 스펙터(Conkey and Spector 1984: 21)는 젠더에 대한 고고학적 접근은 어떻게 할 것인가에 대한 논의를 시작한다. 당시 고고학에서는 과거에 대한 고고학적 지식을 제한하는 것은 고고학 자료의 파편적 성질보다는 고고학적 인식론(Wylie 1982)과 고고학 자료 분석을 위한 고고학적 방법이라는 입장이 호응을 얻고 있었는데, 콘키와 스펙터가 보기에는 젠더에 대한 고고학 연구도 마찬가지였다. 이러한 시각에서 당시 고고학에서는 과거의 사회적 삶과 문화적 과정에 대한 이해를 증진시키기 위해 광범위한 주제와 문제에 대한 연구를 시작했다고 한다. 이에는 개인의 역할에 대한 새로운 관심(Hill and Gunn 1977), 유적형성과정에 대한 증대되는 관심(Binford 1980; Schiffer 1976), 가구 수준과 같이 작은 사회 단위에 대한 연구(Flannery and Winter 1976; Wilk and Rathje 1982), 보다 구조적인 시각에 대한 강조(Deetz 1977; Hodder 1982a; Lechtman 1976; Wylie 1982), 과거의 인간 삶에서 상징적 형태, 의례, 우주관이 지녔던 의미(Fritz 1978; Hodder 1982b; Leone 1982) 등이 포함된다.

콘키와 스펙터(Conkey and Spector 1984: 21)는 위와 같은 주제들의 대부분이 선사시대 젠더 행태, 조직, 이데올로기 연구와 직접적으로 관련되었다고 본다. 한편 당시 유행하였던 체계이론의 체계적 접근 자체는 젠더 구조나 역동성에 대한 분석을 배제하지 않지만, 그 주안점은 거시적 과정과 기능적 측면에 놓여 개인이나 선택의 역할과 같은 변수는 거의 고려되지 않았다고 한다(Conkey and Spector 1984: 22). 즉 인디언보다는 그 뒤에 있는 체계에 관심이 집중되었다는 것이다.

다음 젠더고고학을 위한 분석적 틀에 대한 논의를 시작하면서 콘키와 스펙터(Conkey and Spector 1984: 24)는 물질적 세계와 비물질적 세계를 연결하기 위한 민족지고고학이나 민족지역사학적 접근을 거론한다. 그러나 곧 민족지고고학적 접근을 젠더 연구에 적용하는 것은 민족지 자료에 만연한 남성중심주의 및 젠더에 대한 분석을 막는 이론적, 인식론적 틀로 인해 복잡한 문제라고 지적한다. 그러면서 자넷 스펙터(Spector 1982)의 "과업-분화(task-differentiation) 틀"을 소개한다 (Conkey and Spector 1984: 24-27). 그에 따르면, 과업-분화 틀은 젠더 배열의 물질적 매개변수에 초점을 두고, 남성중심적 편견의 가능성을 줄이며, 전체적으로 인간 노동 분업의 다양하고 변화하는 양상을 보다 섬세하게 볼 수 있게 해준다. 그래서 과업-분화 틀의 교차문화적 적용을 통해 젠더 배열에 있어서의 변이, 관찰되는 변이에 대한 인과적 요소, 그러한 변이성이 고고학 자료에 표현되는 방식에 대해 보다 신뢰

할 만한 지식을 얻을 수 있다고 주장한다. 또 이 과업-분화 접근을 통해 남성과 여성 활동 양상을 구체적으로 검토하여 기존의 남성중심적인 가정 또는 편견을 고쳐 나갈 수 있다고 본다.

결론적으로 콘키와 스펙터(Conkey and Spector 1984: 28)는 젠더 조직 연구를 통한 방법론적, 이론적 재구조화가 보다 설득력 있는 해석을 낳을 것이라고 보지만, 자신들의 주장은 기존의 연구 주제를 버리고 젠더 조직 규명을 위한 연구로 대체하자는 것이 아님을 밝힌다. 콘키와 스펙터에 의하면, 젠더 행태의 조직은 기존 고고학에서 주목해 온 과거 문화체계 대부분의 측면과 관계되고 그 일부를 이룬다. 따라서 유적 기능과 사용, 과업 분화에 기반을 둔 생계체계, 유적 내/유적 간 공간적 현상, 물질문화의 작용, 문화적 유대와 통합의 기제, 교역과 교환 체계, 문화변동 과정과 같은 고고학의 주요 주제 연구에 있어서도 젠더 역동성에 대한 이해가 어떤 수준에서든 필요하다는 것이다.

2. *고고학을 젠더화하기: 여성과 선사시대* (Gero and Conkey 1991)

편집자 게로와 콘키를 포함하여 초기 젠더고고학의 거두들이 모여 집필한 이 단행본은 아래와 같이 다섯 파트와 한 에필로그로 이루어져 있다:

1부. 젠더고고학에 대한 고려 사항

1. 긴장, 다원성, 그리고 고고학을 젠더화하기: 여성과 선사시대에 대한 서론 (Conkey and Gero 1991)

2. 젠더 이론과 고고학적 기록: 왜 젠더에 대한 고고학은 없는

가? (Wylie 1991)

2부. 공간과 젠더 관계

3. 행위의 맥락, 권력에 대한 맥락: 마들렌기 물질문화와 젠더 (Conkey 1991)

4. 얼굴이 있는 가구(households): 선사시대 유구와 젠더의 문제 (Tringham 1991)

5. 선사시대 젠더, 공간, 식량 (Hastorf 1991)

3부. 젠더 생산의 물질적 측면

6. 젠더석기: 석기 생산에서 여성의 역할 (Gero 1991)

7. 선사시대 여성의 노동과 토기 생산 (Wright 1991)

8. 직조와 요리: 아즈텍 멕시코 여성의 생산 (Brumfiel 1991)

4부. 젠더와 식량체계

9. 북미의 동부 우드랜드에서의 원예농경 발달 (Watson and Kennedy 1991)

10. 젠더, 조개채집, 그리고 고대기 패총 (Claassen 1991)

11. 도토리 빻기: 사회적·경제적 초점으로서의 여성의 생산 (Jackson 1991)

5부. 젠더 이미지

12. 레펜스키 비르에서 누구의 예술이 발견되었는가? 고고학에서의 젠더 관계와 권력 (Handsman 1991)

13. 남성 세계에서의 여성: 수메르 여성의 이미지 (Pollock 1991)

14. 이 송곳이 무엇을 의미하는가: 페미니스트 고고학을 위하여 (Spector 1991)

에필로그 (Moore 1991)

콘키와 게로(Conkey and Gero 1991: 3)는 이 책의 서론을 다음과 같이 다소 건조한 문장으로 시작한다: "이 책의 제목은 *고고학을 젠더화하기: 여성과 선사시대*이고, 이 책에 실린 논문들은 선사시대 연구와 고고학 관행에서 젠더 체계 연구에 기여하고자 한다." 그 다음 문장에서 우리는 왜 이 책의 부제로 "여성"이 들어가 있는지 알게 된다: "남자와 여자 모두 젠더를 지니고 있지만, 우리는 과거를 젠더화하기 위한 수단으로 여자에게 초점을 둘 것이다. 왜냐하면 둘 중 하나, 그중에서도 기존에 간과되었던 성별/젠더를 과거 인간 사회 연구의 출발점으로 삼는 것이 더 효과적이고, 기존 연구 경향이나 편견에 대한 도전이 될 수 있다고 보기 때문이다."

콘키와 게로(Conkey and Gero 1991: 4-5)는 고고학도 이제 명확하고 이론적으로 갖춰진 방식으로 과거를 젠더화하기 위한 도전을 할 준비가 되었다고 보는데, 계급 형성(e.g. Ryan 1981), 정치적 권력의 작용(e.g. Scott 1988), 생산과 생산 단위의 조직(e.g. Hartsock 1983), 공간의 사용(e.g. Ardener 1981; Moore 1986), 기술체계의 발전(e.g. McGaw 1982, 1989) 등에서 젠더를 중심에 놓은 연구가 활발히 이루어지고 있어 더욱 그러하다고 한다. 콘키와 게로에 의하면, 고고학을 젠더화하기 위한 도전 과정에서 고고학의 여러 분야와 도움을 주고받을 수 있는데, 특히 사회적, 상징적 이론이 중심을 이루는 후기과정주의 연구와의 협력이 기대된다고 한다.

콘키와 게로(Conkey and Gero 1991: 4-5)가 보기에, 고고학을 젠더화하기에 필요한 이론적 자원이 없는 것은 아니지만 지난 20년간 사회과학과 역사과학에서의 젠더 연구 상황을 보면 이론만으로 젠더 편견은 쉽게 고쳐지지 않을 것 같다. 그 이유는 구조적인 편견은 단순히 여성에 대한 새로운 자료나 사례 연구를 더한다고 해서 바뀌지 않기 때문이다. 콘키와 게로는 이론보다는 전통적인 연구 관행에 대한 철저한 비판이 실질적인 효과를 가져올 수 있다고 제안하면서, "여자"라는 범주와 "여자의 경험"에 대한 연구 방법론 및 개념을 두고 페미니스트들이 벌인 논쟁, 젠더 집단, 젠더 관계, 젠더 의미(e.g. Scott 1986)의 이해에 유용한 개념적 범주의 발달 등을 그러한 사례로 든다. 콘키와 게로에 따르면, 페미니스트 이론의 궁극적인 목적은 여성의 상황과 종속에 대한 분석이라는 고전적인 페미니스트 이슈(Flax 1987: 622-623)를 포함하지만 그에 한정되지는 않은 젠더 관계 분석으로 확장되었다.

콘키와 게로(Conkey and Gero 1991: 5)가 밝히는 이 책의 목적은 (1) 가정과 개념, 모델, 수용 가능한 자료의 특성, 수용된 지식에 이르기까지의 모든 고고학 연구 단계에서 젠더 편견을 드러내기, (2) 고고학적 맥락에서 여성을 "찾기", 그리고 이 여성들이 젠더 관계, 젠더 이데올로기, 젠더 역할에 참여한 방식 규명하기, (3) 젠더와 차이에 대한 기저 가정 및 과거와 현재 사이의 관계 문제화하기이다.

콘키와 게로(Conkey and Gero 1991: 8-9)에 의하면, 젠더는 인간의 사회적 관계를 구성하는 요소이고, 남성과 여성 사이에 문화적으로 지각되고 기입된 상이성과 상사성에 기반한다. 역사적인 문제로서 젠더는 인간 존재 과정에서 항상 형성 중이다. 따라서 인식론적으로 젠더는 저 어딘가에 따로 떨어져 존재하는 고정된 무언가가 아니다. 젠더는 관계 또는 일군의 관계로 구성되는 과정으로서, 신분, 계급, 종족성, 인종과 같은 다른 문화적, 역사적 사회제도 및 이데올로기 내에 배태되어 있기 때문에, 젠더는 단순하게 여성과 남성 활동의 측면에서만 이해될 수 없다. 이처럼 젠더가 과정으로서 개념화될 때, 특정 성별이나 젠더를 도구, 유구, 활동, 역할, 이데올로기 등에 무비판적으로 일대 일 대응시키지 않기 위해 주의해야 한다. 여러 연구자들에게 젠더는 관계적이고, 사회적 과정이며, 인간의 사회적, 문화적 삶의 동력일 뿐만 아니라, 일차적인 구조화 원리를 의미한다(e.g. Delphy 1984). 이들에게 젠더 신념이나 역할 등은 삶을 살아가는 데 있어 근본적 변수와 지침으로 작동하는데, 구조화 원리로서의 젠더도 동질적인 것이 아니라 매우 다차원적이고 사회적 관계를 구조 짓는 방식도 다양하다.

콘키와 게로(Conkey and Gero 1991: 11)는 현대고고학의 주요한 이론적 입장을 고려할 때, 고고학을 젠더화하기는 곧 방법의 문제가 된다고 한다. 이들에 의하면, 가장 심각한 개념적, 분석적 문제는 젠더 귀속(gender attribution)의 문제이다. 흔히 이는 도구, 화덕, 토기 등의 "고고학적 기록"을 남성 그리고/또는 여성과 연결시키기 위한 "옳은" 방법이나 자료를 제시하는 것으로 여겨진다. 그러나 콘키와 게로에게 특정한 활동이나 물질문화를 남성 그리고/또는 여성에게 "부여(assign)"하는 것은 젠더 연구의 목적도 아니고 수단도 아니다. 어떤 특질을 한 젠더에 귀속시키는 것이 도움이 될 수 있지만, 반드시 젠더 귀속을 해야 하는 것은 아니고, 고정된 젠더 귀속을 해야 하는 것은 더더욱 아니라고 보기 때문이다.

민족지 자료의 편향성 문제에 대해서는 다음과 같이 의심스러운 가정에 기반한 분석 범주를 해체하고 비판한 사례를 참조할 것을 제안한다(Conkey and Gero 1991: 13): 친족(e.g. Collier and Yanagisako 1987), 가족(e.g. Glenn 1987; Liebowitz 1978), 가구적 영역(e.g. Rosaldo 1980), 가구(e.g. Hartmann 1981), 경쟁과 부족(scarcity)의 자연스러움(e.g. Gross and Averill 1983), 자연과 문화(e.g. MacCormack and Strathern 1980), 결연 이론(e.g. Rubin 1975), 국가(e.g. Gailey 1985; Silverblatt 1988), 전통적인

민족지 다시 쓰기(e.g. Weiner 1976), 진화론적 가설 재검토(e.g. Tanner 1981), 사냥꾼 남성과 같은 기존의 남성중심적 서사와 해석에 대한 "채집자 여성"처럼 자극적인 여성중심주의적 반응에 대한 비판(e.g. Fedigan 1986; Harding 1986: 92-110; Longino and Doell 1983).

콘키와 게로(Conkey and Gero 1991: 14)에 의하면, 젠더를 유효하고, 중심적이며, 중요한 개념으로 여기는 고고학은 개인을 적극적인 사회적 행위자로 강조하는(e.g. Shanks and Tilley 1987a, 1987b, 1989) 고고학과 상통한다. 특정한 젠더의 특정한 활동을 고고학적으로 접근하기란 매우 어렵지만, 선사시대의 변화를 이해하기 위해 행위성(agency)으로서의 젠더 모델을 채택할 필요가 있다(Shennan 1986: 334). 과거의 젠더화는 남자와 여자 "찾기"보다 훨씬 더 많은 것을 의미한다. 이는 젠더가 사회적 삶의 구성과 관련된 문화적 의미의 원천으로서 뿐만이 아니라, 젠더 이데올로기, 젠더 역할, 젠더 관계로서 어떻게 "작동"하는가를 이해하는 것이다.

또 과거를 젠더화하기 위해서는 초점을 선사시대 잔존물에서 선사시대 사람으로 옮겨야 한다고 제안한다(Conkey and Gero 1991: 15). 이를 통해 연구 대상물로서의 사회나 문화에 대한 물화된 개념 대신 사회적 삶의 대인적이고 친밀한 측면이 사회적 체계 수준에서의 패턴으로 연결되는 방식에 중점을 두자는 것이다.

그래서 이 책의 저자들은 기존의 권력, 정치, 통치, 권위 대신 사람과 사람 사이의 관계에 대한 주제를 전면에 내세운다(Conkey and Gero 1991: 15-16). 이들이 주목하는 것은 선사시대 삶과 일상적 활동의 사회적 역동성인데, 이는 고고학적 기록 중 가장 많은 부분을 차지

한다: 주거 맥락에서의 토기와 석기 생산(토기 디자인을 변경하거나 손잡이를 새로운 방식으로 붙이는 여성들, 또는 강 자갈 조각을 떼어내 일상 도구로 사용하는 여성들); 원예(새해 수확을 위해 식물 품종을 선택하는 여성들); 식량 획득, 생산, 분배(조개잡기, 도토리 빻기, 씨앗용 작물을 준비하고 요리하기); 흔한 원료를 가지고 일상용품 만들기(노끈 만들기, 섬유 짜기, 가죽 옷 만들고 수선하기); 죽은 이 매장하기와 집을 짓고, 고치고, 태우기 등과 같은 활동말이다. 이 책의 저자들이 초점을 둔 위와 같은 활동에서 주류 고고학에서 부각되는 지배자나 의사 결정자가 보이지 않는다면, 이 책 저자들의 주안점이 기존의 젠더 중립적 분석에서 가려져 있던 사람들과 행위 영역 조명에 있기 때문이라고 한다.

위와 같은 활동이 축적되어 기존 고고학에서 주목한 보다 거시적인 변화로 이어질 수도 있다(Conkey and Gero 1991: 15-16). 예를 들어, 아즈텍 교환망과 시장체계를 추동한 것은 원예 대신 직조를 선택한 여성들이다(8장 브럼피엘). 아차이(Archai) 패총은 죽은 이를 묻기 위해 조개껍데기를 선택하고 쌓은 여성 때문에 형성되었다(10장 클라센). 절굿돌 대신 기반암 모르타르를 사용하여 캘리포니아 고대기(Archaic) 수렵채집인들의 취락을 "고정시킨" 행위자는 여성들이었다(11장 잭슨). 이처럼 급진적인 선사시대 변동의 씨앗이 젠더 연구를 통해 일상적 활동과 대인적 패턴에서 발견될 수 있다는 것이다.

콘키와 게로(Conkey and Gero 1991: 16)는 위와 같은 변화나 수정을 통해 젠더화된 고고학이라는 새로운 고고학이 등장하여 전통적인 고고학 연구 주제와 공존할 수 있는 가능성에 대해 질문을 던진다. 콘키와 게로의 생각으로는 대규모의 정치적, 기술적 발전에 집중하는 "남성적" 연구 방향을 취하는 연구자도 있을 수 있고, 그런가 하면 인신적 상호작용과 대인적 관계에 초점을 둔 "여성적"이고 젠더화된 과거를 연구하는 연구자도 있을 수 있다. 최상의 경우, 이 두 분야는 서로를 보완할 수도 있을 것이다. 그러나 실제적으로는 위 두 노선이 공존한다 하더라도 고고학의 정치경제(Gero 1985; Wobst and Keene 1983)로 인해 젠더화된 관점은 "진정한"(젠더-중립적 또는 남성중심적) 과거와 무관한 것으로 주변화될 가능성이 더 크다고 본다. 보다 엄밀한 의미에서는 젠더화된 과거와 "젠더-중립적" 과거는 병행하거나 대안적인 것으로 공존할 수 없다고 한다(Conkey and Gero 1991: 16-17). 젠더는 사회문화적 삶의 다른 변수와 동력에 밀접히 연결되어 있기 때문인데, 이에는 전통적인 고고학 주제인 교역, 장인 전문화, 국가 형성, 지위, 동맹, 가구, 노동 분업, 건축물, 이미지, 의례 등도 포함된다고 한다.

이 책 저자들 중 일부는 여성의 역할에 대한 젠더 전형에 기반하여 다음과 같은 활동이 아마도 여성과 관련된 것일 가능성을 제시하고, 명백한 문제 설정 하에 그러한 가설을 검토한다(Conkey and Gero 1991: 17). 하스토프의 요리하기 연구(5장), 라이트의 토기 생산 연구(7장), 왓슨과 케네디의 원예농경 연구(9장), 클라센의 조개채집 연구(10장)가 그에 해당한다. 그에 비해(Conkey and Gero 1991: 17-18), 게로는 석기 제작과 같은 특정한 활동에서의 여성의 배제를 지적하고(6장), 폴록은 도상적 표상을 주의 깊게 해석하여 "여성의 이미지"에 관한 문제를 제기한다(13장). 한편 콘키(3장), 트링함(4장), 하스토프(5장), 잭슨(11장)은 젠더에 관한 공간적 함의를 연구하여 여성을 "찾는다." 이를 위해 이들은 젠더 표현이나 그와 관련된 활동에 대한 공간적 맥락을 참조하고, 주거에서 경관에 이르는 구조물이 남녀 간 갈등 협상과 중재 수단으로 작용하는 방식에 주목한다.

콘키와 게로(Conkey and Gero 1991: 18)에 의하면, 고고학은 "남성"을 규범으로 삼아 남성적 경험에 기반하여 남성적 관점에서 얘기한다. 예술은 남성적이고, 여자들은 어쩌다가 주체 또는 객체가 된다. 중요한 농경 활동을 담당한 것도 남자들이다. 도구, 그리고 그 생산과 사용은 남자들의 몫이고 "남자"의 진화와 밀접하게 관련된다. 제국도 남자들이 만들고, 그 기저를 이루는 여자들의 노동과 에너지는 가려진다. 최적의 수렵채집 모델은 조개채집과 같은 여자들의 활동을 무시하고 남자들의 활동에 기반하여 수립된다.

이 책의 저자들은 위와 같이 여성 노동력이 평가절하되는 미묘하거나 그다지 미묘하지도 않은 방식을 반복적으로 지적한다(Conkey and Gero 1991: 18-19). 그에 따르면, 가구는 그 구체적인 구성원이 어찌 되었든 여자들을 포함하기 때문에 "중대한 사건"에 비해 주변적인 것으로 간주된다(4장 트링함). 고종족식물학(paleoethnobotany)의 전 분야가 고고학 관행과 해석에서 도외시되었는데, 종자는 음식 준비 및 "가구적" 영역과 관련되었고, 이는 여자들의 일로 치부되었기 때문이다(5장 하스토프). 가구에서의 여자들이 고려되어도 이는 거의 전적으로 "활동 영역"의 측면에서였지, 생산 노동, 젠더 관계 협상, 또는 근본적인 경제적, 사회적 과정의 조직과 수행의 측면에서는 아니었다. 그에 비해 이 책의 여러 저자들은 가구 경제, 가구 관리, 가구 생산을 중점적으로 다루는데, 이는 해당 집단의 인구 재생산과 관리뿐만이 아니라 국가 단계 사회에서 요구되는 대규모의 집약적 노동에 있어서도 핵심적인 역할을 하기 때문이다(Conkey and Gero 1991: 19).

고고학에서 여자들의 일이 낮게 평가되는 데에는 남성중심적인 민족지 연구의 영향도 일부 있다고 한다(Conkey and Gero 1991: 19). 그러한 사례로서, 박편 도구는 "인공(man-made)" 도구에 대한 용어 사전이나 분류체계에 포함되지 않는 경우가 많은데, 박편 도구가 남성 생산자 및 사용자와 관련된 것이 아니라고 여겨지는 점이 그 이유 중 하나이다(6장 게로). 토기 제작은 대개 여성을 포함하는 팀으로 이루어짐에도 불구하고 남성의 일로 여겨진다(7장 라이트). 또 채집된 조개는 대개 하위로 평가되는 식량자원인데, 여성 채집자와의 관련성이 그 이유 중 일부를 이룬다(8장 클라센). 송곳의 금속 선단과 같이 유럽에서 교역을 통해 들어온 물품이 토착적으로 생산된 골제 손잡이보다 가치가 높은데, 그러한 금속 선단을 교역한 것은 남자들이고 골제 손잡이를 만든 것은 여자들이기 때문이다(14장 스펙터).

고고학에서의 쓰기 방식도 페미니스트 시각에서는 문제가 되는데, 이들은 객체/주체 이분법을 부인하고, 저자에게 독자가 접근할 수 없는 권위를 부여하는 권위주의적이고 위계적인 텍스트도 거부한다(Conkey and Gero 1991: 22). 그 대신 페미니스트 사고에서는 다원적 시각(4장 트링함), 인적 경험(14장 스펙터), 설명 방식과 이해의 원천으로서 해석 행위에 핵심적인 이야기하기(12장 핸즈만)를 강조한다.

콘키와 게로(Conkey and Gero 1991: 23)는 이 책에서와 같이 젠더를 뚜렷한 개념적, 분석적 범주로 채용하여 이를 통상적 또는 새로운 고고학 자료에 적용할 때 여성은 과거 물질세계의 적극적인 생산자와 혁신자, 맥락적 행위자로 새롭게 드러날 수 있다고 본다. 콘키와 게로에 의하면, 선사시대 여성에 대한 연구는 여성에 대한 부가적 사실을 제공하기 위한 것이 아니다. 이들이 젠더화하고자 하는 사회적 지식, 그리고 젠더에 대한 고고학이 만들고자 하는 차이는 "개방되고, 불확정적(contingent)이며 인간적으로 설득력 있는" 사회적 지식으로서, 이는 "닫히고, 무조건적이며 인간 통제적인" 기존의 사회적 지식과 구분된다(Westkott 1979: 430).

3. "관행 강령: 고고학에서의 젠더와 페미니즘"(Conkey and Gero 1997)

이 논문에서 콘키와 게로(Conkey and Gero 1997: 411-413)는 1980년대부터 이루어진 과거 젠더에 대한 다양하고 풍부한 고고학 연구물을 명백한 페미니스트 관점에서 평가한다. 특히 특정한 이론적 입장을 지닌 연구에 주목하고, 또 페미니스트 사고의 중심을 이루는 과학에 대한 페미니스트 비판을 고려하여 젠더 연구를 페미니스트 틀 안에서 해야 할 필요성을 강조한다.

1990년대 전반에는 주요 학술지 게재 논문뿐만 아니라 젠더에 대한 학회 및 강연의 증가로 젠더에 대한 고고학 문헌이 폭발적으로 증가했다고 한다(Conkey and Gero 1997: 413). 콘키와 게로(Conkey and Gero 1997: 414-415)에 의하면, 선사시대 연구자들은 젠더 연구를 여러 분야에 걸친 문제를 해결하기 위해 수용하였다. 인간 행태를 남성의 행태와 동일시하는 것의 문제로 인해 젠더화된 고고학의 주요 목적은 선사시대 유적에서의 여성의 현존과 활동을 확인하거나 주장하는 것이었다. 이러한 연구는 넓은 범위에 걸친 활동에서의 여성 노동 인지와 함께 그 가치가 인정되기 시작하였다(e.g. Benedict 1993). 기존에 남성의 배타적 영역이라고 간주된 영역에서 확인된 여성의 활동은 고인디언 야영(Chilton 1994), 구석기시대 동굴 예술(Russell 1991), 나투프 집단의 수렵채집에서 농경으로의 전이(Crabtree 1991), 마야의 축산

(Pohl 1991), 콜럼버스 이전 모체 매장 의례(Arsenault 1991) 등을 포함한다. 또 높은 위세를 지닌 무덤에 묻힌 여성의 발견은 계층사회에서의 남성에 의한 권력 독점이라는 통념에 문제를 제기했다(McCafferty and McCafferty 1994, Nelson 1991).

콘키와 게로(Conkey and Gero 1997: 415-416)에 의하면, 당시 이루어진 젠더에 대한 다양한 고고학 연구 분야는 위와 같은 여성의 현존과 활동 확인에 국한되지 않는다. 그중에는 사회적 정체성 결정에 있어서 젠더의 일차성이 강조된 연구도 있고, 젠더가 종족, 계급, 직능 등의 다른 사회적 정체성에 비해 부차적인 것으로 나타난 연구도 있다. 또 여성과 남성의 행태적 패턴 또는 젠더 역할에 초점을 둔 연구가 있는가 하면, 젠더 관계 및 여성과 남성의 상대적 지위에 집중한 연구도 있고, 여성임 또는 남성임과 관련된 일군의 의미로서의 젠더 이데올로기에 대한 연구(e.g. Robb 1994)도 이루어졌다. 또 기존에 제대로 평가받지 못한 여성 고고학자들의 업적이 알려졌고, 공정성 문제도 비중 있게 다루어졌다고 한다.

당시 이루어진 젠더 연구에 대한 위와 같은 개괄 후 콘키와 게로 (Conkey and Gero 1997: 416-421)는 고고학 자료를 풍부하게 젠더화할 수 있거나 젠더에 대한 이론적 입장이 잘 마련된 대표적인 접근 여섯 부류를 아래와 같이 제시한다.

(1) 사회생물체적 전략으로서의 젠더

젠더를 사회생물체적 전략으로 보는 이 부류에서는 젠더가 재생산적 적합성을 최대화하기 위한 문화적 매개 수단으로 다루어진다(e.g. Costin 1996; Hayden 1992; Knight 1991).

(2) 사회적 구성으로서의 젠더

콘키와 게로(Conkey and Gero 1997: 417)에 의하면, 젠더와 성별이 구성된다는 개념, 즉 젠더가 생물체적 특성이나 생식에 뿌리를 둔 것이 아니고, 원래 이분법적이지도 않다는 개념은 1970년대 이후 인류학 페미니스트 이론의 핵심을 이룬다(e.g. Kessler and McKenna 1985). 여기서 "사회적 구성"의 의미에는 연구자간 차이가 있고, 시기적으로도 변화해 왔다고 한다. 그에 따르면, 프랑스 페미니스트들은 심리분석에 초점을 두었고(e.g. Irigaray 1985), 자유주의적 페미니스트들은 남성성과 여성성의 구성을 강조했으며(e.g. Epstein 1988), 젠더를 계급, 인종, 종족성과 같은 다른 사회적 범주나 정체성보다 중요하게 여기거나 그와 따로 구분해 볼 수 있는 것으로 보는 입장에 대한 문제 제기도 있었다(e.g, Collins 1989; hooks 1984). 사회적 구성물로서의 성별이나 젠더 범주의 안정성(stability)이 문제화되기도 했고(e.g. Butler 1990; Flax 1990), 젠더를 사회적 제도로 분석하기도 한다(e.g. Lorber 1994). 콘키와 게로(Conkey and Gero 1997: 417)는 사회구성주의적 진영 내 이처럼 다양한 비판적 입장은 공통적으로 "젠더"라는 용어 자체를 포함하여 우리의 분석적 범주의 구성이 역사적, 사회문화적, 이데올로기적, 물질적 맥락에 깊이 배태되어 있다는 가정에서 출발한다고 한다.

(3) 진화론적 과정으로서의 젠더

별개의 사회문화적 경우를 복합도 증가에 따라 배열하는 진화론적 모델은 젠더 체계 전개에 있어 일정한 방향성을 가정하고 그러한 방향성을 예측하는 데 쓰인다(Conkey and Gero 1997: 418). 수렵채집사회에서의 평등한 젠더 관계가 사회적 계층화 증대에 따라 불평등한 젠더 관계로 변한다는 진화론적 관점은 정도의 차이는 있지만 대개 엥겔스의 '여성의 세계사적 패배' 모델을 따르고 있다(ibid.: 419).

(4) 정치경제로서의 젠더

콘키와 게로(Conkey and Gero 1997: 419-420)는 젠더 역할과 구성에 정치경제가 미치는 영향을 중점적으로 고려하는 대표적 연구자로 브럼피엘을 소개한다. 그에 따르면, 브럼피엘(Brumfiel 1992)은 경제적 결정과 행위에 있어 인간 행위성과 협상에 주목하는 "정치경제"를 보다 일상적인 "생계경제"와 구분한다. 브럼피엘(Brumfiel 1991)은 토기, 방추차와 같은 일반적인 고고학 자료에 근거하여 아즈텍 여자들이 공물용 직물 생산 요구에 협상하기 위해 동원한 상이한 전략을 고려한다. 이는 젠더, 특히 여성의 역할에 주목한 연구가 "사람 사는(peopled)" 물질 세계에 대한 보다 정교한 이해로 확장된 모범적 연구 사례라 할 수 있다. 또한 브럼피엘의 연구는 공물 납부에서 아즈텍 여자들이 단일한 역할을 한 것이 아니라 몇 가지 대안적인 전략을 고려했음을 보여주었다. 이는 "여성"을 본질화 또는 동질화하는 경향에서 벗어나 여자들 내에서의 차이에 주목한 연구라는 점에서도 높게 평가된다.

(5) 행위성으로서의 젠더

이 부류의 연구에서는 구조와 행위성 사이의 긴장에 주목하는 관행 이론(Bourdieu 1977; Giddens 1979; Ortner 1984) 또는 행위성 이론을 참조하여 젠더를 사회적 정체성이 지속적으로 만들어지는 "행위(acts)" 중

하나로 본다(Conkey and Gero 1997: 420). 젠더화된 주체는 태어나는 것이 아니라 만들어진다는 것이다.

(6) 수행으로서의 젠더

이 부류에서는 주로 버틀러(Butler 1990, 1993)의 영향을 받아 젠더를 규율적 젠더 담론과 코드를 참조하여 반복적으로 행하는 수행(performance)에 의해 구성되는 것으로 본다(Conkey and Gero 1997: 420-421). 이러한 반복적인 젠더 수행 과정에서 원래는 사회문화적으로 특수한 젠더 담론과 코드에 본질적인 원인 또는 일관적인 실체로서의 외양이 부여된다는 것이다. 젠더의 수행성에 대한 대표적인 연구로 조이스의 연구(Joyce 1993, 1996)를 꼽을 수 있는데, 조이스는 구슬, 펜던트, 귀 장식물에 사용된 물질의 영구성을 통해 개방적, 생성적이고 변하기 쉬운 젠더 수행이 폐쇄적이고 규정적인 것으로 변형되는 방식을 보여주었다(Conkey and Gero 1997: 420-421).

위와 같이 이론적으로 정향된 연구 부류를 제시한 후 콘키와 게로(Conkey and Gero 1997: 421)는 기존의 안일한 연구 방식에 심각한 문제 제기를 한 대표적인 연구로 자넷 스펙터(Spector 1993)의 *이 송곳이 무엇을 의미하는가: 와페턴 다코타 마을에서의 페미니스트 고고학*을 소개한다. 콘키와 게로에 따르면, 이 연구에서 스펙터는 전통적인 유적 보고서에 제시되는 조사 맥락과 배경, 방법론, 자료, 해석을 전통적인 방식과 급진적으로 다른 방식으로 제시하였다. 스펙터(Spector 1993: 3)는 "객관적이고, 객체 지향적이며 객관화하는" 고고학에 반대하여 자신과 아메리카 원주민, 조사대원 등 관련자들을 보고서의 중심에 둔다. 또 기존의 틀에 박힌 학문적 방식과 추상화된 범주 대신 고고학적 정보를 특정 고고학자의 경험 및 학문적 배경, 그리고 특정한 토착인들 사이의 관계와 관련시켜 서술한다.

이어 콘키와 게로(Conkey and Gero 1997: 422)는 브럼피엘을 다시 한번 높게 평가한다. 브럼피엘(Brumfiel 1992)은 젠더, 계급, 파벌 사이의 교차성에 대한 연구가 지니는 이론적 함의를 논하면서, "사람 사는" 접근과 교차문화적이고 검증 가능한 모델 수립이 반드시 양립 불가능한 것은 아님을 보였기 때문이다.

다음 콘키와 게로(Conkey and Gero 1997: 423)는 젠더고고학을 "젠더에 대한 고고학(archaeology of gender)"과 "젠더화된 고고학(gendered archaeology)"으로 구분하는 로버츠(Roberts 1993)의 견해를 소개한다. 로버츠는 전자와 후자가 서로 관련되었지만 고고학 연구 관행과 결과에 미치는 영향은 다른 것으로 본다. 그에 따르면, 젠더에 대한 고고학은 기존의 젠더 편견 수정을 위해 많은 시사점을 주지만 기존의 주류 해석에 대한 근본적인 문제 제기보다는 그에 통합되는 경향이 있다. 그에 비해 젠더화된 고고학은 고고학적 문제 설정 자체에 대한 비판적인 문제화 과정을 수반한다. 여기서 로버츠(Roberts 1993: 18)는 위와 같은 구분이 중요하기는 하지만, 그렇다고 기존의 고고학 연구 방식을 그와 완전히 다른 무언가 "독특하게 페미니스트적인 방식"으로 대체하자는 것은 아님을 분명히 한다. 그리고 기존의 것을 페미니스트적인 것으로 단순 대체하려는 입장의 문제점은 여러 페미니스트 학자들에 의해서도 지적되었다(e.g. Longino 1987, 1994; Stacey 1988; Wylie 1995; Conkey and Gero 1997: 423에서 인용).

이처럼 1990년대 전반에는 고고학에서도 여러 분야에서 젠더 연구가 활발히 이루어졌다(Conkey and Gero 1997: 424). 새로운 질문이 기존 자료에 대해 제기되었고, 새로운 주제와 관점이 널리 수용되는 해석에 적용되었으며, 고고학적 기록과 지식의 젠더화된 생산에 대한 문제가 제기되었다(ibid.). 동시에 콘키와 게로(ibid.)는 위와 같은 논의 과정에서 페미니스트 고고학과 기존 고고학 사이의 근본적이고 심지어 조정 불가능한 차이가 드러났다고 한다.

콘키와 게로(Conkey and Gero 1997: 426-427)에 따르면, 페미니스트적 사고는 과학의 권위, 상징, 규범, 더 나아가 과학적 연구의 성격 자체를 근본적인 수준에서 비판해왔다. 과학에 대한 페미니스트 비판은 누가 "지식의 담지자(knower)"가 될 수 있는가, 지식 담지자의 공동체와 그들이 함께 생성하는 지식 사이의 관계, "객관성의 도덕화"에 대해 핵심적인 문제를 제기한다(Daston and Galison 1992). 그런데 페미니스트 진영 내에서도 이에 대해 동의된 뚜렷한 해결책은 없다고 한다.

페미니스트들은 무엇이 지식으로 여겨져야 하는가에 대한 위계적이고 실증주의적인 기준에 기반한 객관성 개념을 페미니스트 친화적으로 만들기 위해 기존의 객관성 개념 수정 대 거부 논쟁을 계속해왔다고 한다(Conkey and Gero 1997: 427). 콘키와 게로에 의하면, 현지 지식의 환원 불가능한 차이와 급진적 다원성을 주장하는 입장(e.g. Harding 1986)이 있는가 하면, 보편적인 과학적 관행을 수정 보완하여 유지하고자 하는 입장(e.g. Longino 1990, 1993)도 있다.

과학과 객관성에 대한 페미니스트 비판 중 콘키와 게로(Conkey and Gero 1997: 428)는 고고학 연구와 관행에 있어 특히 문제가 되는 부분들을 다음과 같이 지적한다. 우선 '합리성' 개념에 대한 페미니스트 비판이다. 페미니스트들에게 합리성이란 '주체와 객체 분리성, 냉철한 객관성, 인적 상황의 중립적 초월성을 내세우지만 실제 과학적 관행에 서는 실현될 수 없는 신화'이자 그 자체로 '권력 관계의 거대 정치'를 구성하는 것이라고 한다. 이러한 페미니스트 입장에서 생각, 느낌, 의지는 따로 독립적으로 작동하는 것이 아니라 자료에 대한 해석에 근본적인 수준에서 함께 개입하는 것으로 여겨진다. 그래서 일부 고고학자들은 선사시대 연구에서 기존의 '객관적'인 결론 제시 방식 대신 '주관적'이고 허구적인 해석을 가미한 결론을 제시하였다. 그러한 사례로 콘키와 게로는 앞서 2절 *"고고학을 젠더화하기"*(Conkey and Gero 1991)에서 살펴본 핸즈만(Handsman 1991), 폴록(Pollock 1991), 스펙터(Spector 1991), 트링함(Tringham 1991)과 함께 슈리(Schrire 1995)의 연구를 든다. 또 커스(Kus 1992)는 전적으로 합리적이거나 인지적인 경험 대신 감각적인 경험을 인간 행태 동기 중 일부로 수용하였다고 한다. 알코올 소비(Lawrence-Cheney 1991, 1993), 한증막 경험(Carman 1991), 사창가 삶(Seifert 1994)에 대한 연구 등 물질적 삶의 감각적 영역에 주목한 연구도 기존의 합리성 개념에 대해 비판적인 페미니즘의 영향을 받았다고 한다.

콘키와 게로(Conkey and Gero 1997: 428)에 의하면, 페미니스트적 사고는 자료에 대한 범주적 사고보다는 "친밀한" 지식과 정교한 이해를 선호하는 인지적 양식과 결부되어 왔다. 그래서 자료에서 관찰되는 모호성과 현상에 대한 독특한 표현이 "과학적" 자료 영역 밖에 놓인 것으로 기각되기보다 정보 제공적인 것으로 인정되고 수용되며(Haraway 1988; Keller 1983, 1985), 독특한 것에 주의를 기울여 범주적 규정을 불신하는 경향이 이원적 또는 이분법적 사고에 대한 비판(Jay 1991; Moulton 1983)으로 이어진다는 것이다. 스펙터(Spector 1993)가 물질자료에 대한 통상적인 고고학 형식이 토착적 범주에 외적 가치를 부과하고 왜곡하여 토착인의 관점 이해에 낳는 편견을 지적한 것도 위와 같은 맥락에서라고 한다.

해러웨이(Haraway 1988)가 "아무 데도 아닌 곳에서 모든 것을 보기"라는 전지적인 과학적 지식을 거부하고, 대신 부분적 관점만이 객관성을 담보할 수 있는 "소재하는(situated) 지식"을 선호하는 것도 같은 이유에서라고 한다(Conkey and Gero 1997: 428). 해러웨이(Haraway 1988: 583; Conkey and Gero 1997: 428에서 인용)에 따르면, "객관성에 대한 모든 서구 문화적 서사가 우리가 몸과 마음, 거리와 책임이라고 부르는 것들 사이의 관계를 통치하는 이데올로기에 대한 비유이다. 페미니스트의 객관성은 한정된 위치와 소재하는 지식에 관한 것이지, 주체와 객체의 초월과 분리에 관한 것이 아니다".

Ⅲ. 페미니즘과 인류학

1. 남성의 사냥은 현실이다

Ⅱ장 "페미니즘과 고고학"에서 살펴본 초기 남성 사냥꾼 모델에 대한 콘키와 스펙터(Conkey and Spector 1984)의 비판 이후, 인류학의 무크파다이와 히긴스(Mukhopadhyay and Higgins 1988: 476)는 여성의 재생산 역할과 사냥 사이의 양립 불가능성에 대한 반박 사례로 필리핀 아그타 여성의 사냥(Estioko-Griffin 1985; Estioko-Griffin and Griffin 1981; Goodman et al. 1985)을 아래와 같이 소개한 바 있다:

> "아그타 사회에서는 임신, 생리, 수유 중인 여성을 포함해 대부분의 여성이 정규적으로 사냥한다. 남성과 여성 사이에는 사냥을 위한 이동 거리와 기간 및 사냥감의 종류 등에 별다른 차이가 없는데, 이에는 대형동물도 포함된다. 남성과 여성 모두 동성끼리 사냥하기도 하고 이성과 함께 사냥하기도 한다. 여성의 사냥을 통해 획득한 고기가 집단에서 소비되는 고기의 절반 가량에 달하고, 여성의 사냥 성공률은 남성의 거의 두 배에 달한다(Goodman et al. 1985). 임산부와 6개월이 되지 않은 어린 아이가 있는 여성은 사냥을 다소 줄이지만,

여성 사냥 활동의 전성기는 가임 최성기와 일치한다고 한다(Goodman et al. 1985: 1207). 여성들 스스로 사냥은 육아나 다른 생계 활동과 양립 가능하다고 하며, 사냥 여행에 아기를 데리고 가는 것이 사냥에 방해가 된다고도 여기지 않는다. 사냥을 하지 않는 여성에 대해서는 사냥개가 없어서이지 육아때문이 아니라는 설명이 가장 흔하다(Goodman et al. 1985). 사냥을 하는 여성과 하지 않는 여성 사이에 생물체적 재생산이나 신체 크기에 있어 유의미한 차이도 없다(Goodman et al. 1985: 1207)."

그런데 현재까지도 위 아그타족에서와 같은 여성 사냥은 일반적인 것이 아니라 매우 이례적인 경우이고, 위에서 서술된 아그타 여성 사냥의 특징을 다른 인류학 문헌과 비교해 보면 아래와 같이 주목할 만한 차이가 발견된다.

거븐과 힐(Gurven and Hill 2009: 56)에 의하면, 아그타 여성은 활과 화살로 사냥해서 남성과 같은 사냥감을 잡는다. 그런데 유의할 점은 아그타족 전체 인구 9,000명 중 사냥하는 여성은 100명 미만으로 드물다는 것이다. 여성의 사냥 생산량에 대해서는 단지 6명의 여자들에 대한 기록만 있을 뿐인데(Goodman et al. 1985), 그에 따르면 다음과 같은 아그타 여성 사냥 패턴이 관찰된다: (1) 탄수화물 자원은 수익률이 낮고 드물게 존재했다; (2) 고기는 탄수화물과 유리한 비율로 거래되었다; (3) 출산률과 성인 대비 아이의 비율이 낮고, 부모 역할을 대신해 줄 수 있는 이들이 많았다; (4) 실제로 사냥을 한 여성은 대개 불임이거나 재생산기를 지났다; (5) 여성이 사냥에 성공한 경우는 모두 개와 함께 사냥한 결과였다; (6) 여성의 사냥은 돌봐야 할 자식에게 빨

리 돌아가기 위해 언제나 캠프에서 5km 떨어진 범위 안에서 이루어
졌다(Estioko-Griffin 1985, 1986; Goodman et al. 1985). 또 일화에 따르면
여자들은 임신이나 수유 중에는 사냥을 잘 하지 않거나 아예 하지 않
았다고 한다(Estioko-Griffin 1986: 42).

켈리(2014: 425-428)도 아그타 여성 사냥을 "놀라운 예외"(Estioko-
Griffin and Griffin 1981, 1985; Goodman et al. 1985)로 소개한다. 그에 따
르면, 아그타 여성은 31% 정도 사냥에 성공하는데, 반면 아그타 남성
의 사냥 성공률은 17% 정도에 불과하다. 남녀 혼성의 집단 사냥의 성
공률은 더 높아서 41%에 이른다. 여기서 주의할 점은 위와 같은 수치
는 아그타 여성 6명만을 대상으로 한 자료라는 것인데, 이에 대해서는
위 거븐과 힐의 연구에서도 강조되었다. 또 여성 사냥의 높은 성공률
은 여성이 남성보다 사냥을 잘해서가 아니라 남성은 더 큰 동물, 사냥
하기 더 어려운 동물을 목표로 하기 때문이다. 그래서 고기의 양을 기
준으로 비교하면 남성은 여성보다 두 배 가량 많은 고기를 획득한다.
한편 남성과 여성 모두 멧돼지와 사슴을 사냥하지만, 여성은 보통 몰
이 사냥에 참여하고 개를 이용한다. 또 모든 남성이 사냥을 하지만, 여
성 중 오직 소수만이 사냥을 하고, 사냥의 변이가 여성 사이에서 더 크
다(Estioko-Griffin and Griffin 1985). 사냥하는 여성과 사냥하지 않는 여
성 사이에 초경, 초임 나이, 아이의 수에 차이는 없다. 생리와 수유 중
에도 사냥을 하는데, 수유 중에는 아이를 어깨에 메고 사냥에 데리고
가고, 젖을 뗀 아이는 친척에게 맡겨 두고 사냥을 가기도 한다. 그러나
수유나 임신 중에는 거의 사냥을 하지 않으며, 아이가 있는 여성도 그
렇지 않은 여성에 비해 사냥을 덜 한다. 또한 여성은 빨리 돌아와 아이
를 돌보기 위해 캠프에서 20~30분 거리 내에서 사냥한다. 아그타족에
서는 아이를 다른 사람에게 맡길 수 있고, 캠프에서 가까운 곳에서 사

냥을 할 수 있어 여성 사냥이 가능하다. 그보다 혹심한 환경이나 육아를 개별적으로 하는 곳에서는 여성 사냥이 쉽지 않다(Goodman et al. 1985: 1208).

켈리(2014: 428)에 의하면, 아카족 여성의 경우도 집단에 아이를 맡기고 그물사냥에 나설 수 있는데, 이 경우에도 빨리 사냥을 마치고 캠프로 돌아와 아이를 돌본다고 한다(Crittenden and Marlowe 2008; Marlowe 2005; Meehan 2005). 이처럼 수렵채집사회의 여성은 집단의 도움을 받더라도 육아에서 완전히 자유로울 수 없고, 사냥을 해도 공동으로 그물 사냥을 하거나 작고 빠르지 않은 동물을 사냥하는 경우가 많다고 한다. 채집은 육아를 위해 중도에 멈추었다가 다시 시작할 수 있는 활동이지만, 사냥 중 육아 때문에 사냥감 추적을 멈추면 사냥감을 놓치기 마련이다(Gurven and Hill 2009: 56). 그래서 일반적으로 수유나 양육 중인 여성에게는 채집활동이 대형동물 사냥보다 용이하다. 또 충분한 사냥 기술을 습득하기 위해서는 10년에서 20년의 긴 시간이 필요하기 때문에(Gurven et al. 2006; Gurven and Kaplan 2006; Marlowe 2010), 여성이 육아에서 자유로워질 나이가 되면 굳이 사냥 기술을 배우기보다 채집을 하는 것이 생산량 면에서 효율적(e.g. Howell 2010: 114)이라는 것이다.

한편 여성이 사냥을 하느냐 하지 않느냐는 구체적인 기술-환경적 변수에 따라서도 달라질 수 있다(Brightman 1996: 691). 예를 들어서, 아그타족에서는 여성이 사냥을 통해 얻는 칼로리 이득이 재생산을 통해 얻는 이득보다 크기 때문에 사냥을 하고, 아체족에서는 재생산을 통해 얻는 칼로리 이득이 사냥을 통해 얻는 이득보다 크기 때문에 사냥을 하지 않는다고 한다(Hurtado et al. 1985). 수렵채집사회에서 여성이 사냥을 잘 하지 않는 이유는 체력이나 물리적 제약 자체 때문이기 보다는 사냥이 육아 요구와 상충되기 때문이고, 이는 임신과 수유에서 자유롭고 평균적으로 더 크고 강한 신체와 힘을 지닌 남성에게 사냥 활동에 있어 상대적 우위를 주기 때문이다(Brown 1970; Gurven and Hill 2009: 57).

수렵채집사회에서 자원의 문화적 가치는 양이나 칼로리보다는 가족을 넘어서 공유되는지의 여부에 따라 결정된다(켈리 2014: 428-429). 남성은 대형동물과 같이 성공은 불확실하지만 폭넓게 공유해 위신을 얻을 수 있는 자원을 목표로 하고, 여성은 더 안정적으로 획득할 수 있는 자원을 목표로 해 대체로 가구에서 소비한다(Bliege Bird et al. 2009; Collier and Rosaldo 1981: 282). 이러한 문화에서 남성은 정치적 목적으로 "위험부담이 있는" 대형 사냥감을 추구하고, 남편의 정치적 성공은 아내에게도 도움이 될 수 있기 때문에 여성도 남성의 대형동물 사냥을 부추길 수 있다(켈리 2014: 435).

한편 최근 앤더슨 등(Anderson et al. 2023)은 "사냥꾼 남성의 신화: 민족지적 맥락을 통해 본 여성의 사냥 공헌"이라는 논문을 출간하였다. 이들은 수렵채집사회에서의 남성 수렵과 여성 채집이라는 기존의 통설에 문제를 제기하며, 민족지 자료 재검토를 통해 현대 수렵채집사회에서의 여성 사냥의 보편성을 주장한다. 그에 따르면, 앤더슨 등이 조사한 수렵채집사회 중 79%의 사회에서 여성이 사냥을 했고, 33%의 사회에서 여성이 대형동물을 사냥했다고 한다(Anderson et al. 2023: 5/11). 이와 함께 앤더슨 등(Anderson 2023: 7/11)은 아카족과 아와족에서는 사냥에 유아를 데리고 가고, 아카족과 하자족에서는 어린 아이가 사냥에 동반하는 경우가 사냥 여행의 15%를 차지한다는 등의 점에 근거하여 수렵채집사회에서 여성은 "재생산기와 상관없이(regardless of child-bearing status)" 보편적으로 사냥에 참여했다는 결론을 내린다.

이에 대해 벤카타라만 등(Venkataraman et al. 2024: 2)은 "여성 수렵채집인들도 때로 사냥을 하지만, 젠더화된 노동 분업은 현실이다"라는 반박 논문을 발표하였다. 이 논문에서 벤카타라만 등은 위 앤더슨 등의 분석에서 여성 사냥의 빈도나 잡은 사냥감의 양, 여성 사냥이 보다 넓은 사회적 맥락에서 지니는 의미 등에 대한 고려 없이, 여성 사냥이 '그렇다'와 '아니다'의 이원적 변수로 단순 환원되었음을 지적한다. 예를 들어, 벤카타라만 등(Venkataraman et al. 2024: 5)에 의하면, 앤더슨 등이 여성 사냥의 증거로 인용한 오지브 여성에 대한 란데스(Landes 1938)의 연구에서, 란데스(Landes 1938: 136)는 사냥꾼이 되기를 선택한 몇몇 여자들의 사례에 대해 기술하면서, "이처럼 성별 경계를 넘어 남자들의 일을 하는 여자들은 상황의 압박이나 개인적 성향 때문이다 … [다른] 여자들은 사냥꾼이 되기를 선택한 여자들을 비범하거나(extraordinary) 이상하다(queer)고 여긴다"는 점을 밝혔다. 즉, 란데스가 사냥하는 여자들이 일반적인 것이 아니라 매우 예외적임을 밝혔음에도 불구하고, 앤더슨 등은 이를 고려하지 않았다는 것이다.

벤카타라만 등(Venkataraman et al. 2024: 5)이 드는 또 다른 예로, 보아스(Boas 1889)는 이누이트 에스키모 여성 사냥의 두 경우를 기술하였는데, 첫 번째는 우연히 보게 된 일광욕 중인 바다표범을 몽둥이로 때려잡는 여자들에 관한 것이고, 두 번째는 바다표범 공동 사냥에서 조력하는 여자들에 대한 기술이다. 이 여자들은 아이들과 함께 바다표범을 겁주어 남자가 창을 들고 대기해 있는 곳으로 도망가게 한다. 이러한 여성 사냥에 대해 보아스(Boas 1889: 154)는 "통상적으로 남성은 사냥하러 나가고, 여성은 집에 남아 집안 일을 하면서 장화를 고치거나 새 옷을 만든다"고 기술하였는데, 앤더슨 등은 이 역시 무시하였다고 한다. 이밖에도 남편이 사망한 후에 여자 혼자 대형동물 사냥을 나가는 경우, 여성이 집단 고래 사냥에 참여한 경우, 부부가 함께한 사냥에서 여자가 사냥 성공에 간접적으로 기여한 경우 등도 제대로 고려되지 않았다고 한다(Venkataraman et al. 2024: 6). 이처럼 앤더슨 등이 다룬 여성의 대형동물 사냥 관련 민족지 자료 중에는 여성의 대형동물 사냥이 "매우 드물다"는 기록이 있는 경우가 많은데, 이러한 특수성이 앤더슨 등의 분석에 충분히 반영되지 않았다는 것이다(Venkataraman et al. 2024: 6).

위와 같은 문제점을 지적한 후, 벤카타라만 등(Venkataraman et al. 2024: 7)은 수렵채집사회 여성의 사냥은 이원적 현상이 아님을 강조한다. 여자가 드물게 또는 특수한 상황에서 사냥한 경우까지 획일적으로 여성이 사냥한 사회로 분류하는 것은 수렵채집사회에서의 젠더화된 노동 분업 연구에 도움이 되지 않는다는 점도 지적한다. 수렵채집사회 협업의 성격은 복합적이고 다면적이며, 여성과 남성의 생계 활동은 대개 상호 보완적인 성격을 띤다는 잘 알려진 인류학적 사실을 고려할 때 특히 그러하다고 한다. 즉, 채집과 식량 가공, 물과 장작 구해오기, 옷 만들기, 주거 활동, 도구, 임신, 출산, 양육, 교육, 결혼, 의례, 정치, 갈등 해결과 같은 다른 중요한 활동에 대한 고려 없이 사냥에만 초점을 두면 수렵채집사회의 복합성이나 수렵채집사회에서 여자들이 담당한 역할의 복잡성과 중요성을 오히려 경시하는 결과를 낳는다는 것이다. 그래서 앤더슨 등의 연구와 같은 민족지 자료에 대한 수정주의는 노동과 그 가치에 대한 서구화된 개념의 영향 때문일 수 있으므로 주의해야 한다(Venkataraman et al. 2024: 1).

2. 농경과 계층사회: "여성의 세계사적 패배"

위 1절에서 사냥꾼 남성 모델에 대한 반론 과정에 수반된 민족지 자료의 선택적 인용 및 민족지 자료에 대한 수정주의의 문제에 대해 살펴봤다. 남성 지배와 여성 종속의 보편성과 관련하여 주목을 받은 또 다른 인류사적 계기는 수렵채집사회에서의 농경 집약화와 그를 통한 잉여의 축적 및 계층사회와 국가의 발생이다. 특히 농사에 쟁기를 사용하고, 농경지를 확보하며, 집단 간 갈등을 조정해야 하는 상황에서 남성의 힘이 사회적으로 중요해짐에 따라 남성의 사회적 통제력도 커졌다는 것이다(김민정 2014: 112, 118). 이때 중요한 요인 중 하나가 부거제와 부계제의 결합이다. 모거제와 달리 부거제는 부계제와 결합되는 경우가 많은데, 이러한 체계에서 남성이 획득하고 통제하는 가축이나 토지와 같은 주요 자원이 아버지 쪽을 따라 축적되기 쉽고, 그러한 과정에서 여성들은 소외되어 여성들의 생물체적 재생산 능력과 경제적 노동력이 남성들의 지배 하에 놓이게 된다는 것이다(엥겔스 2012; 홍찬숙 2012: 211; Mukhopadhyay and Higgins 1988: 478). 엥겔스(2012: 94)는 이를 『가족, 사유재산, 국가의 기원』에서 "여성의 세계사적 패배"라고 부른 바 있는데, 우선 가족체계와 소유체계의 변화를 통해 국가가 등장하는 전반적인 과정은 1884년 제1판 서문(홍찬숙 2012: 204-205)에 잘 요약되어 있다:

"유물론적 개념에 따르면, 역사에서 결정적인 요소는 궁극적으로 직접적인 생활의 생산과 재생산이다. 다시 이것은 이중의 특성을 가지는데, 한편으로는 생존수단의 생산, 즉 의식주와 그것의 생산을 위해 필요한 도구들의 생산이며, 다른한편으로는 인류자체의 생산, 즉 종의 번식이다. 특정한 역사적 시대, 특정한 나라에서 사람들이 살고 있는 사회조직은 두 종류의 생산에 의해 ─ 한편으로는 노동의 발전단계, 다른 한편으로는 가족의 발전단계에 의해 ─ 결정된다. 노동의 발전이 미약하고 그 생산물의 양이 한정될수록, 결과적으로 사회의 부가 제한적일수록 사회질서는 더욱더 친족집단에 의해 지배된다. 그러나 친족집단에 기초한 이러한 사회구조 속에서 노동의 생산성이 점차적으로 증가하고 그와 함께 사적소유와 교환, 빈부의 차이, 타인 노동력의 사용 가능성, 따라서 계급적 기초가 점차 발전한다. 이 새로운 요소들은 수세대를 거치면서 낡은 사회질서를 새로운 조건에 적응시키려 하며, 마침내는 이들의 양립불가능성으로 인해 완전한 격변이 도래한다. 새로이 발전한 사회계급들 간의 알력 속에서 친족집단에 기초한 구 사회는 붕괴된다. 그 대신 통제력을 국가에 집중시킨 새로운 사회가 등장한다. 그 사회의 하부단위는 더 이상 친족결합체가 아니라 지역결합체이며, 그 내부에서 가족체계는 소유체계에 의해 완전히 지배되고 지금까지 모든 기록된 역사의 내용을 이루어 온 계급적대와 계급투쟁이 이제 자유롭게 전개된다."

다음 『가족, 사유재산, 국가의 기원』에 제시된, 사유재산과 국가의 등장 이전, 부계에 의한 혈통 결정과 부권 상속 도입 이전의 상황에 대한 엥겔스(2012: 92-94, 강조는 필자에 의함)의 관점을 소개하면 아래와 같다:

"모권에 따르면, 따라서 모계에 의해서만 혈통을 따졌던 시기에는, 그리고 씨족 내에서의 초기 상속 관습에 따르면, 사망한 씨족 성원의 상속자는 그 친족들이었다. 재산은 씨족에 남겨 놓아야 했다. […] 그런데 사망한 남편의 자녀들은 남편의 씨족에 속하는 것이 아니라 그 어머니 쪽 씨족에 속했다. … 그들은 아버지를 상속할 수가 없었다. 그들이 아버지 쪽 씨족에 속하지 않았으며 아버지의 재산은 아버지 쪽 씨족에 남겨 놓아야 했기 때문이다. 그래서 가축 떼의 소유자가 사망한 뒤에 그의 가축 떼는 그의 형제자매들과 그의 자매의 자녀들에게 넘어가든가 그의 어머니 쪽 자매의 자손들에게 넘어가야만 했다. 그러나 자신의 자녀들에게는 상속권이 없었다.

이렇듯 재부가 증대함에 따라 가족 내에서 한편으로는 아내보다도 남편이 더 유력한 지위를 차지하게 되었으며, 다른 한편으로는 이 강화된 지위를 이용해 남편은 자녀들을 위해 기존의 상속 순위를 폐지하려는 충동을 느끼게 되었다. 그러나 모권에 의해서만 혈통을 따졌던 시기에는 그것이 실현될 수 없었다. 그러므로 이 모권은 폐지되어야 했으며 또 폐지되었다. […] 이것으로써 모계에 의한 혈통의 결정과 모권 상속은 폐지되고, 부계에 의한 혈통의 결정과 부권 상속이 도입되었다. […]

[이러한] 모권의 전복은 *여성의 세계사적 패배*였다. 남자는 가정에서도 지배권을 장악하게 되어 여자는 자기의 존귀한 지위를 상실하고 노비로, 남자의 정욕의 노예로, 순전한 산아도구로 전락했다."

엥겔스를 비롯한 19세기 말에서 20세기 초 사상가들이 언급한 과거의 모권제는 실제로 존재한 것이 아니라 출산을 통해 모자녀 관계

확인이 가능하다는 점에서 비롯된 추론일 뿐이다(김민정 2014: 110). 당시의 사상가들이 지칭한 모권은 여성이 공적 영역에서 통제력을 지녔다는 것이 아니라 인류 초기 사회에서 공적 영역과 가구적 영역이 뚜렷이 분화되지 않은 상태에서 여성이 행사한 상대적으로 큰 영향력을 의미한다(Rosaldo 1980: 403-404). 인류학적으로 봤을 때, 가부장제에 버금갈 권력을 여성이 지니는 모권제 사회는 존재하지 않는다. 여성의 지위가 비교적 높은 모계제 사회에서도 정치적 권력의 대부분은 어머니인 여성이 아니라 그 남자 형제에게 주어지고, 엥겔스(2012)가 『가족, 사유재산, 국가의 기원』에서 주목한 이로쿼이족은 모계제 사회 중에서도 여성의 권한이 예외적으로 강력한 드문 경우이다(홍찬숙 2012: 209).

김민정(2014: 115-116)에 따르면, 이로쿼이 여성은 부족의 혈통을 이으면서 옥수수 농사를 전담해 수확물에 대한 분배권을 가지고 있었다. 부족 대표로 연맹체 회의에 참석하는 정치 지도자는 남성이었지만 그 지위는 모계를 따라 계승되었고, 모계 집단의 연장자 여성인 모가장으로부터 지위를 상징하는 벨트를 하사 받아 직무를 수행했다. 때로는 나이 든 여성 친족원이 실제적 권력을 행사하기도 했는데, 남성이 외교와 전쟁을 담당하고 여성이 생계를 담당하는 상황에서 여성은 식량과 같은 긴요한 물품을 배급하지 않는 방식으로 남성의 전쟁 수행에 영향을 미칠 수 있었다. 이처럼 모가장의 권위와 여성의 영향력이 제도화되고, 여성이 비공식적으로 정치 권력을 행사할 수 있는 이로쿼이 모계제 사회는 장기간에 걸쳐 백인들의 침입에 맞서 싸우느라 남성들이 부재한 상황에서 비롯된 예외적 현상으로 보는 연구자들도 있다고 한다.

다시 엥겔스(2012)로 돌아와서, 『가족, 사유재산, 국가의 기원』의 많은 부분이 사실이 아니라 추론에 근거한 것이기는 하지만, 잉여의 축적과 중앙집권화된 정치조직, 즉 국가의 출현을 가족제도의 변화와 함께 유기적으로 설명한 점은 높이 평가된다(김민정 2014: 110). 대표적으로 홍찬숙(2012: 191-192, 202)은 세계역사발전의 원동력인 사적소유와 계급투쟁이 가족(사적소유의 세대간 지속을 위한 제도)과 국가(소유계급의 정치권력을 보장하기 위한 제도)라는 사회제도와도 유기적 관계를 맺고 있다고 설명함으로써 가족제도와 여성해방의 문제를 역사유물론의 중심에 놓았다는 점에서 마르크스주의 여성이론의 핵심을 이룬다고 평가하였다. 즉 엥겔스는 『가족, 사유재산, 국가의 기원』에서 근본적으로는 사적소유를 여성 억압의 원천으로 보면서도 이를 매개하는 가족이라는 제도에 주목하여 마르크스주의의 경제 결정론을 넘어서고 있다. 동시에 인간 재생산과 가족관계가 경제적 생산과 생산관계 못지않게 사회적으로 중요하다고 본다는 점에서는 페미니즘과 상통한다(홍찬숙 2012: 206-207).

3. 자연과 문화

위 1절과 2절에서 남성 지배와 여성 종속의 보편성을 설명하기 위한 대표적인 모델로 '사냥꾼 남성' 모델과 '여성의 세계사적 패배' 모델에 대해 검토하였다. 그에 비해 오트너(Ortner 1972)는 여성의 운명이 생물체적 요인에 의해 결정된다는 생물체적 결정론에서 벗어나기 위해, 여성 종속의 보편적 원인으로 남성에 대한 여성의 관계가 문화에 대한 자연의 관계와 같기 때문이라는 모델을 제시하였다. 그러나 이 모델은 공적 영역에 비해 가구적 영역이 낮게 평가되는 근현대 서구 사회에 기반한 것으로서 교차문화적으로 여성 종속의 보편성을 설명할 수 없다는 점에서 여러 비판을 받았다(e.g. MacCormack and Strathern 1980). 아래에서는 이러한 논쟁의 계기가 된 오트너의 1972년 논문 "남성에 대한 여성의 관계가 문화에 대한 자연의 관계와 같은가?"를 먼저 검토하고, 이어 이 논문에 대한 비판에 대한 오트너 자신의 해명과 역비판을 포함한 오트너의 1996년 논문 "그래서, 남성에 대한 여성의 관계가 문화에 대한 자연의 관계와 같은가?"를 살펴보겠다.

"남성에 대한 여성의 관계가 문화에 대한 자연의 관계와 같은가?" (Ortner 1972)

오트너(Ortner 1972: 5-6)는 인류학 연구의 창의성의 원천을 인류의 보편성과 문화적 특수성 설명 사이의 긴장에서 찾는다. 그에 따르면, 남성의 일차적인 사회적 지위에 비해 여성의 부차적인 사회적 지위는 범문화적인 보편적 사실이다. 동시에 그러한 범 문화적 보편적 사실 하에서도 여성에 대한 개념과 상징화는 문화에 따라 매우 다양하고 상호 모순적일 수도 있다. 뿐만 아니라 여성에 대한 실제적 대우, 여성의 상대적 권력과 공헌도 문화와 시기에 따라 매우 다를 수 있는데, 이러한 보편적 사실과 문화적 변이 모두 설명되어야 할 문제라는 것이다. 오트너는 사회적, 경제적 구조나 복합도 차이에도 불구하고 관찰되는 여성 종속의 보편성은 특정 사회 체계의 몇몇 과업이나 역할을 재배치한다고 해서, 어쩌면 경제 구조 전체를 재배치한다고 해도 해결될 수 있는 문제라 아니라고 본다. 위와 같은 여성 종속의 인류적 보편성과 문화적 특수성을 고려할 때 오트너에게는 우선 문제의 수준을 특정하는 것이 중요하다. 그에 대한 예로 오트너는 중국의 음양론에서 여성 원리로서의 음과 남성 원리로서의 양이 마찬가지로 중요하게 여겨지지만, 실제 중국 사회에서는 부계율이 지배적이고, 남아선호 사상이 강하며, 부권적 가족구조를 지녔기 때문에, 음양론을 다루느냐, 실제 사회를 다루느냐에 따라 중국에서의 여성 지위가 매우 다르게 보일 수 있다는 것이다.

위와 같은 이유로 오트너(Ortner 1972: 6-7)는 문제를 세 수준으로 구분해 본다. 첫째는 모든 사회에서 문화적으로 2급 지위가 여성에게 부여된다는 보편적 사실의 수준이고, 둘째는 문화에 따라 가변적인, 여성과 관련된 특정한 이데올로기, 상징화, 사회구조의 수준이며, 셋째는 경험적으로 관찰 가능한 여성 활동, 공헌, 권력의 세부적 측면에 대한 수준이다. 이 세 수준 중 오트너는 이 논문에서 첫 번째 수준의 문제, 즉 여성의 보편적 평가절하 문제를 특수한 문화적 자료보다는 "문화" 일반에 대한 분석을 통해 다루겠다고 한다. 두 번째 수준의 문제, 즉 여성에 대한 개념과 상대적 평가에 있어서의 교차문화적 변이에 대한 문제는 여러 사례 연구에 기반한 별도의 논고가 필요하기 때문이다. 또 세 번째 수준의 문제, 즉 여성의 실제 권력에만 초점을 두면, 그러한 권력이 문화적으로 인정받거나 평가받지 못하는 체계나 구조적 측면을 놓칠 수 있기 때문에, 전체적인 이데올로기와 보다 심층적인 문화 구조에 대한 이해가 선행되어야 한다.

이 논문에서 자신의 주장은 문화적 평가에 관한 것임을 강조하며, 오트너(Ortner 1972: 7-8)는 여성의 문화적 열등성, 평가절하, 또는 종속에 대한 세 가지 증거로 a) 여성을 노골적으로 낮게 보는 문화적 이데올로기 요소와 정보 제공자의 진술, 그리고 여성의 역할, 과업, 생산물, 사회적 배경에 부여되는 낮은 위신; b) 여성에게 모독적 속성을 부여하는 상징적 장치; c) 사회에서 가장 높은 권력이 행사되는 영역에 여성의 참여나 접촉을 금하는 사회적 규칙을 든다. 오트너가 보기에 이 세 가지 경우 모두에 있어 모든 사회에서 여성은 남성에게 종속된다. 더 나아가 인류학에서 모권제는 말할 것도 없고 진정한 남녀 평등 문화란 존재하지 않는다는 것이 밝혀졌으므로, 이제는 여성운동에서도 이러한 사실을 받아들여야 한다고 충고한다.

다음 오트너(Ortner 1972: 9)는 위와 같은 여성의 문화적 평가절하가 보편적인 원인을 찾는다. 그 첫 번째 후보로 생물체적 결정론, 즉 '남성을 자연적으로 지배적인 성별로 만드는 유전적으로 고유한 무언가가 남성에게 있다. 그 무언가가 여성에게는 부족하거나 없고, 그 결과 여성은 자연적으로 종속적일 뿐만 아니라 그러한 지위에 스스로 상당히 만족해 한다. 왜냐하면 이를 통해 여성은 보호를 받고 물질적 혜택을 얻을 수 있기 때문이다' 류의 설명은 불충분하고 인류학에서 설득력을 얻지 못한다고 기각한다. 물론 생물체로서의 특징이 무관하다거나 남녀가 다르지 않다는 것이 아니라 남녀의 우월성 또는 열등성은 문화적으로 정의된 가치체계의 틀 안에서만 의미를 지니기 때문이다.

위와 같은 유전적 결정주의로 빠지지 않으려면 오트너(Ortner 1972: 9-10)에게 남은 대안은 한 가지로 보인다. 여성 종속의 보편적 원인을 인간 조건의 보편성을 통해 이해하기 위해서는 어느 문화에서든 모든 인간이 놓이게 되는 가장 일반화된 구조에 내재되어 있는 요소에 주목해야 한다고 한다. 예를 들어, "모든 인간은 물리적 신체와 비-물리적 마음을 지니고, 다른 개인들과 함께 한 사회의 일부이며, 문화적 전통의 계승자이고, 또 생존을 위해 "자연" 또는 비-인간 영역과 어떠한 방식으로 중재되었든지 일정한 관계를 맺어야 한다. 모든 인간은 태어나고 죽는다; 모두 인신적 생존에 관심이 있다; 사회/문화는 특정

개인의 생사를 초월하는 연속성과 생존에 관심이 있거나, 적어도 그러한 성향을 지닌다." 따라서 여성에 대한 문화적 평가절하의 보편성에 대한 설명은 위와 같은 인간 조건의 보편성 측면에서 해야 한다는 것이다.

다음으로 오트너(Ortner 1972: 10-11)는 존재의 일반화된 구조와 조건에서 무엇이 모든 문화에서 여성을 낮게 평가받게 하는 것인가, 무엇이 모든 문화에 공통적인 요인인가라는 질문을 던진다. 이에 대해 오트너는 자신은 여자를, 모든 문화가 낮게 평가하고, 낮은 존재 수준에 있는 것으로 정의하는 무언가의 상징물로 본다고 대답한다. 오트너에게 이러한 범주에 맞는 것은 단 하나인데, 바로 가장 일반적인 의미에서의 "자연"이다. 오트너가 총칭적으로 봤을 때, "문화"는 상징, 유물 등 유의미한 형태 체계를 생성하고 유지하는 과정에 관여한다. 오트너에 따르면, "이를 통해 인류는 주어진 자연 존재를 초월하고, 이를 인류의 목적에 맞게 변형하여 인류의 이해에 따라 통제한다." 이러한 측면에서 문화를 넓게는 인간 의식이라는 개념이나, 사고와 기술 체계라는 인간 의식의 산물과 같은 것으로 볼 수 있는데, 인류는 이러한 문화를 통해 아무리 최소한이라도 자연보다 위에 서서 자연을 통제하려 한다는 것이 오트너의 견해이다. 여기서 오트너는 "자연"과 "문화" 범주는 인간 사고의 범주로서, 현실 세계에서 이 두 존재의 상태나 영역 사이에 실제적인 경계를 발견할 수는 없음을 분명히 한다.

위와 같은 개념틀에서 오트너(Ortner 1972: 11-12)는 여성에 대한 범-문화적 평가절하는 여성은 자연과 동일시되거나 또는 상징적으로 자연과 연합되고, 그에 반해 남성은 문화와 동일시되기 때문이라고 진술한다. 이는 '자연을 포섭하고 초월하는 것이 문화의 기획이기 때문에, 여성이 자연의 일부라면, 문화는 여성을 억압하지는 않더라도 종속시키는 것을 "자연적"이라고 여길 것이다'는 주장으로 이어진다. 오트너가 보기에 이러한 여성의 문화적 종속은 몸, 그리고 여성에게 특징적인 자연적 재생산 기능에서 시작한다. 오트너는 이를 "절대적인 생리적 사실"이라 칭하며, 그 의미를 다음과 같이 세 수준에서 구분해 본다. 첫째, 여성의 몸과 그 기능은 "종적 삶(species life)"과 밀접한 관련을 지녀 여성을 자연에 가깝게 위치시키는데, 이와 달리 남성은 생리적으로 보다 자유롭게 문화를 기획할 수 있다. 둘째, 여성의 몸과 그 기능으로 인해 여성은 문화의 낮은 질서에 속하는 것으로 여겨지는 사회적 역할을 담당하게 된다. 셋째, 여성의 몸과 그 기능으로 인해 부여되는 여성의 전통적인 사회적 역할은 여성에게 상이한 정신적인 구조를 부여한다. 이러한 정신적 구조는 여성의 생리적 본성과 사회적 역할처럼 남성에 비해 더 "자연과 같은" 것처럼 여겨진다.

여기서 오트너(Ortner 1972: 13)는 여성의 생리적 특성이 "자연에 더 가까운" 것으로 여겨진다는 주장은 사실 보부아르(Beauvoir 1961)도 예견하고 있었다고 밝힌다. 오트너에 따르면, 보부아르는 여성을 "종의 먹이(prey of the species)"로 본다. 유방, 생리, 임신, 출산 등 여자 몸의 많은 부분과 생리적 과정이 여자 자신의 건강에 별 도움이 되지 않고, 오히려 이러한 부분과 과정이 인간 종의 재생산을 위한 기능을 수행함에 따라 여자 자신에게는 불편함, 고통, 위험의 원천이 되기 때문이다. 이처럼 여성은 "남성보다 더 종에 구속되므로 여성의 동물성이 더 명백하다"는 것이다(Beauvoir 1961: 24-27, 60, 239). 이어 오트너(Ortner 1972: 14)는 다음과 같은 보부아르(Beauvoir 1961: 58-59)의 견해를 인용한다:

"이 모든 미스터리에 대한 핵심이 여기에 있다. 생물체적 수준에서 종은 자신을 새롭게 생성함으로써 유지된다; 그러나 이러한 생성은 동일한 생명을 더 많은 개인들에게 반복적으로 부여하는 결과를 낳을 뿐이다. 그러나 남성은 생의 반복과 함께 존재를 통해, [목적 지향적인, 유의미한 행동을 통해] 생을 초월한다; 이러한 초월을 통해 남성은 모든 가치의 순전한 반복을 벗어난 가치를 생성한다. 동물들에게서 수컷 활동의 자유와 변이성은 기획성이 없기 때문에 헛된 것이다. 종에 대한 남성의 서비스를 제외하고, 남성이 하는 것은 비물질적이다. 종에 기여하면서 인간 남성은 세계를 개조하기도 한다. 인간 남성은 새로운 도구를 만들고, 발명하며, 미래를 형성한다."

다시 말해, 여성의 몸은 여성을 단순한 생명의 재생산에 묶어 놓지만, 남성은 자연적인 생성 기능이 부족하여 남성의 생성력을 기술과 상징의 매개를 통해 외적으로, "인위적으로" 보여야 한다(또는 그러한 기회를 지닌다). 이를 통해 남성은 상대적으로 영구적이고 초월적인 대상을 생성하고, 그에 비해 여성은 소멸하는 인간을 생성할 뿐이라는 것이다.

위와 같은 보부아르의 견해는 오트너(Ortner 1972: 14)에게 여러 중요한 시사점을 제공한다. 예를 들어, 이는 사냥과 전쟁처럼 생명 파괴를 수반하는 남성 활동이 왜 생명을 낳는 여성의 능력보다 더 많은 카리스마를 지니는지를 설명할 수 있다. 그런데 보부아르(Beauvoir 1961: 58-59)에게 사냥과 전쟁에서 가치 있게 여겨지는 중요한 측면은 죽이는 것이 아니라고 한다. 그보다는 그러한 활동의 초월적(사회적, 문화적) 특성인데, 이는 출산 과정의 자연성과 대립되어, "남성이 동물보다 높게 여겨지는 것은 생명을 주는 것이 아니라 *생명을 거는 것*에 있다: 이로 인해 인류에게서 우월성은 생명을 주는 성별이 아니라 생명을 파괴하는 성별에 부여된다."

동시에 오트너(Ortner 1972: 15-16)는 분명 여성도 남성처럼 인간 의식을 지닌 어엿한 인간 존재이기 때문에 여성은 완전히 자연이라는 범주로만 간주될 수 없다고 지적한다. 즉, 여성은 남성보다 자연적인 측면을 많이 지니지만, 여성도 의식을 가지고 생각하고 말하며, 상징, 범주, 가치를 생성하고 소통하며 조작한다. 또 여성은 같은 여성뿐만이 아니라 남성과도 소통하며 인간 대화에 참여한다. 그래서 오트너는 여성은 문화와 자연 사이의 중간쯤에 위치한 존재로서, 초월성의 척도에서는 남성보다 낮게 위치한 것으로 여긴다.

이상과 같은 논리에 기반하여, 오트너(Ortner 1972: 16)는 여성은 여성 자신 안에서부터 자연적으로 생성하고, 그에 비해 남성은 자유롭게 또는 강제적으로 인위적 생성, 즉 문화적 수단을 통해 문화를 유지하는 방식으로 생성을 한다고 주장한다. 더 나아가 오트너가 보기에 여성의 생리적 기능은 여성의 사회적 활동을 보편적으로 제약하고, 자연에 가까운 것으로 여겨지는 사회적 맥락으로 여성을 보편적으로 몰아 놓았다. 즉, 여성의 신체적 과정뿐만이 아니라 여성의 신체적 과정으로 인해 여성이 놓이게 되는 사회적 상황도 그러한 의미를 지니게 되고, 여성은 여성의 수유 과정의 "자연적" 연장으로서 가구 가정 맥락에 구속된다는 것이다.

여성의 위치와 관련하여 "가구적/사회적 대립"이 지니는 함의에 대해 오트너(Ortner 1972: 17-18)는 로잘도(Rosaldo 1974)가 설득력 있게 제시하였다고 언급한 후, 바로 레비-스트로스(Lévi-Strauss 1969)로 넘어간다. 가구적 단위(사회의 구성원을 재생산하고 사회화하는 역할을 담당하는 생물체적 가족)는 사회적 실체(동맹과 관계의 망, 즉 사회)에 대립된다는 생각은 *친족의 기본 구조*에서 레비-스트로스 주장의 기반이기도 하기 때문이다. 오트너에 의하면, 레비-스트로스는 이러한 대립이 모든 사회 체계에 나타날 뿐만 아니라 자연과 문화 사이의 대립과 같은 의미를 지닌다고 본다. 그에 따르면, 보편적인 근친상간 금지와 그와 관련된 족외혼 규율을 통해 생물체적 가족이 닫힌 체계가 되는 것을 방지한다; 생물체적 집단은 더 이상 따로 설 곳이 없고, 다른 가족과의 동맹 유대는 생물체적인 것에 대해 사회적인 것, 자연적인 것에 대해 문화적인 것의 지배를 보장한다. 오트너가 보기에 모든 문화에서 가구적인 것과 사회적인 것이 뚜렷이 대립되는 것은 아니지만, 가구적인 것은 언제나 사회적인 것에 의해 포섭된다. 가구 단위는 가구 단위 자체보다 논리적으로 높은 수준에 있는 규율 제정을 통해 서로 관계를 맺게 되고, 사회라는 창발적(emergent) 단위를 생성하는데, 이는 사회를 구성하는 출산 단위보다 논리적으로 높은 수준에 있기 때문이다.

그래서 오트너(Ortner 1972: 18-19)에 따르면, 여성은 가구적 환경과 연합되고 다소간 그에 한정되므로, 여성은 사회/문화 조직의 낮은 수준과 동일시된다. 가족(그리고 따라서 여성)은 낮은 수준에서 사회적으로 파편화하고 배타주의적인 형태의 관심사를 나타낸다. 이는 보다 높은 수준의 통합적이고 보편적인 성격의 관심사를 나타내는 가족간 관계와 대립된다. 남성은 가정적 정향과 관련되는 육아와 같은 자연적 기반이 부족하기 때문에 남성의 활동 영역은 가족간 관계의 수준에서 정의된다. 그래서 이러한 문화적 논리에 따르면 남성은 영적이고, 사회적인 종합에 대한 보편적 진술이 이루어지는 종교, 의례, 정치, 그리고 기타 문화적 사고와 행동 영역의 소유자가 된다. 남성은 자연과 대립되는 모든 인간 창의성의 의미에서 문화와 동일시될 뿐만 아니라, 예술, 종교, 법률 등과 같은 더 고상하고 높은 인간 사고의 측면이라는 오래된 의미에서의 문화와도 동일시된다고 한다.

결론적으로, 오트너(Ortner 1972: 24)는 여성은 생리적으로 "종적 생명"에 보다 많이 관여하게 된다고 본다. 구조적으로 종속된 가구적 맥락에 대한 여성의 관여, 동물과 같은 유아를 문화화된 존재로 변형시키는 핵심적 기능 담당, 여성 자신의 사회화를 통해 어머니 노릇하기에 적합하게 형성된 "여성의 정서(psyche)", 그리고 남성에 비해 보다 뚜렷한 인격주의(personalism)와 덜 중재된 방식의 관계 맺기, 이 모든 요인이 여성을 자연에 보다 직접적이고 깊게 기반한 것으로 보이게 한다는 것이 오트너의 입장이다. 그러나 동시에 여성의 문화 구성원 자격과 꼭 필요한 문화에의 참여도 모든 문화에서 인정되고 결코 부정되지 않으므로, 여성은 문화와 자연 사이에 있는 무언가, 중간적 위치를 차지하는 무언가로 여겨진다는 것이다. 또한 오트너(Ortner 1972: 28)는 위와 같은 개념틀은 자연적으로 주어진 것이 아니라 문화의 구성물임을 강조한다. 여성은 "실제로" 남성보다 자연에 더 가깝지도 그로부터 더 멀지도 않은데, 여성과 남성 모두 의식을 지니고 죽음을 면할 수 없는 존재이기 때문이다. 그럼에도 불구하고 여성이 자연에 가까운 것처럼 보이는 데에는 이유가 있는데, 그 결과는 악순환이라고 한다. 즉 물리적, 사회적, 심리적인 여성의 상황에 대한 여러 측면이 여성을 "자연에 가까운 것처럼" 보이게 하고, 또 그러한 시각이 그러한 상황을 재생산하는 제도적 형태에 배태되어 있다는 것이다.

"그래서, 남성에 대한 여성의 관계가 문화에 대한 자연의 관계와 같은가?"(Ortner 1996)

위에서 살펴본 오트너의 1972년 논문에 대한 후속 논문인 이 글에서 오트너(1996: 174)는 "남성 지배가 보편적인가?"라는 질문으로 본론을 시작한다. 오트너에 따르면 이 질문은 여러 방식으로 이해될 수 있는데, 오트너는 원래 경험적 관찰에 근거하여 '그렇다'는 입장을 취했다고 한다. 이러한 입장에 대한 인류학에서의 초기 반응은 주로 맑시스트류의 진화적 패러다임의 영향을 받은 이들에게서 나왔다고 한다. 대표적으로 리콕(Leacock 1981)은 엥겔스(Engels 1972)의 *가족, 사유재산, 국가의 기원*이라는 패러다임 안에서 초기의 인류 사회는 평등했었는데, 사유재산의 등장과 함께 불평등한 사회로 변했다고 주장한다. 그에 따르면, 현재 평등한 사회의 경우가 발견되지 않는다면, 원래 존재하지 않았던 것이 아니라 모든 민족지 사회가 어떠한 방식으로든 자본주의의 영향을 받았고, 그리고/또는 인류학자가 자본주의 문화에 익숙해져 그러한 평등사회를 이론적으로 보지 못한다는 것이다. 또 리콕(Leacock 1972; 홍찬숙 2012: 213에서 인용)은 모계제 사회가 아니라 해도 여성의 출산 능력에 대한 신화적 숭배가 관찰되는 사회가 다수 존재한다는 점, 남성 중심의 수렵채집사회에서도 여성의 식량채집이 수렵 못지않게 중요한 역할을 했다는 점, 정치조직이 분화되지 않아 의사결정이 공동체적으로 이루어진 사회가 존재한다는 점 등을 들어서, 문명 단계 이전의 사회에서는 여자들이 남자들과 동등하지는 않더라도 적어도 체계적으로 억압되지는 않았을 것이라고 본다.

위와 같은 리콕의 주장에 대해 오트너(Ortner 1996: 174)는 인류학자가 자본주의적 침투와 부르주아 문화에 익숙해져 보지 못한다 해도,

리콕의 논리로 설명되지 않는 경우들이 너무 많다고 한다. 오트너는 그 구체적인 사례에 대해서는 언급하지 않고, 리콕 등이 주장한, 평등주의는 표면적으로 드러나는 것이 아니라 해석을 필요로 하는 문제라는 지적에 동의한다. 뒤에서 살펴볼 오트너(Ortner 1990)의 또 다른 논문인 "젠더 헤게모니"라는 글에서 보다 자세히 다루겠지만, 오트너는 특정 사례를 특정한 이론적 관점에서 봤을 때 평등주의적인 측면이 많은 사례도 분명 있다고 인정한다. 그리고 여기서 오트너가 말하는 '평등'사회란 "남성 지배"의 흔적이 관찰되지 않는 사회가 아니라 "남성 지배"의 요소가 존재하되 파편적으로 존재하는 사회이다. 즉 파편적인 상태로 존재하는 남성 지배의 요소가 헤게모니적 질서로 엮여 들어가지 않고, 남성 우월성에 대한 보다 일반적이고 일관적인 담론의 중심을 이루지도 않는 경우이다.

여기서 오트너(Ortner 1996: 174-175)의 요점은 평등과 불평등의 연속체에서 상대적으로 평등주의 쪽에 위치한 문화를 다시 보는 것이다. 왜냐하면 이전에 오트너(Ortner 1972)는 남성 지배의 요소들에만 주목하여 전체 문화를 남성 지배적 문화로 분류했다는 실수를 했기 때문이다. 이러한 1970년대 전반과 1990년대 중반 사이의 오트너 인식 변화 뒤에는 인류학 전반에 있어서의 "문화" 개념에 대한 관점 변화가 있는데, 이전에는 문화를 통합된 전체로 보다가 이제는 보다 분리적이고, 모순적이기도 하며, 비일관적인 것으로 보게 되었다고 한다.

위에서 언급한 "젠더 헤게모니" 논문에서 오트너(Ortner 1990)는 안다만 제도 사회에 주목한다. 이 사회에서는 남성 특권 및 권위를 나타내는 요소가 일부 존재하지만, 오트너(Ortner 1996: 175)는 이 사회를 평등주의적 사회로 본다. 그러한 요소들이 헤게모니적 질서로 엮여 들어가 있지 않기 때문에 지배적인 평등주의 유지에 실질적인 영향을 미치지 않기 때문이다. 오트너가 위 "젠더 헤게모니" 논문을 발표한 비슷한 시기에 제인 앳킨슨(Atkinson 1990)과 안나 칭(Tsing 1990)도 인도네시아 민족지를 대상으로 유사한 주제의 연구를 발표했다고 한다(Ortner 1996: 175). 오트너(ibid.)에 따르면, 세 경우 모두 남성 우월성에 대한 정형적 이데올로기가 관찰되지 않고, 젠더 등가성과 평등성에 대한 패턴이 널리 존재하며, 젠더가 개념적 또는 사회적 조직 원리로 아예 쓰이지 않는다는 유사성을 지닌다. 그래서 단지 남자가 남자이기 때문에, 또는 여자가 여자이기 때문에 받는 혜택이나 불이익이 거의 없다고 한다. 그럼에도 불구하고 어떤 사람들은 영향력과 권위가 있는 위치를 차지하게 되는데, 그러한 사람들은 공교롭게도 주로 남자들이라고 한다. 한편 위 세 인류학자는 평등주의 문제와 관련하여 약간 다른 결론에 이른다. 오트너의 어젠다는 실제로 존재하는 남성 지배가 고립되어 전반적인 평등주의에 영향을 미치지 않는 방식으로 작동하는 평등주의 사회를 보는 것이었다. 그에 비해 앳킨슨과 칭은 기본적으로 평등주의적인 사회에서 남성 지배가 잘 드러나지 않는 방식으로 생성되고 재생산되는 평등주의에 관심이 있었다. 오트너(Ortner 1996: 175)는 이러한 사회를 젠더 평등사회라고 부를 수도 있지만, 이때의 평등주의는 복잡하고, 비일관적이며, 취약한 성격을 지닌다고 한다.

다음 오트너(Ortner 1996: 176)는 "인간 사회에서 남성 지배의 발생 과정을 어떻게 이해해야 할까?"라는 질문을 던진다. 그에 대해 오트너는 일종의 ""권력에 대한 의지"로서, 남성의 "자연적" 공격성에서 기인한 남성 의도의 산물로 보아야 할까? 아니면 필자가 "남성에 대한 여성의 관계가 문화에 대한 자연의 관계와 같은가?" 논문에서 취한 바와 같이 다른 목적을 위한 기능적 젠더 역할 배열의 의

도치 않은 결과, 일종의 부작용으로 보아야 할까?"라는 선택지를 제시한다. 헤게모니의 측면에서 오트너에게 이 문제는 결코 간단하지 않다. "평등주의적인"이라고 부르든 그렇지 않든, 위와 같은 사례들은 특정한 남성 특권이 무역, 교환, 친족 연결하기, 의례적 참여, 분쟁 해결 등의 기능적 역할에 따라 주어진 젠더 배열에서 발생하는 것을 볼 수 있다고 한다. 다시 말해, 오트너가 보기에 남성 지배는 남성의 공격적인 "권력에 대한 의지"에서 비롯되었다기 보다는 남자들이 운이 좋았기 때문이다: 즉 남성 지배는, 시몬 드 보부아르가 1949년에 처음 제시했듯이, 여성에 비해 남성의 가구적 책임은 간헐적이고, 남성은 여행, 모임 등등을 하기에 보다 자유로우며, 그래서 "문화"라는 작업을 하기에도 더 자유롭다는 조건 또는 상황에서 나온 것으로 본다. 한편 오트너(Ortner 1996: 177)는 남성의 "권력에의 의지" 입장에 대해 비판적인데, 남성의 "권력에의 의지" 입장에서는 일종의 본질화된 남성 공격성이 상정되고, 여성성이나 남성성의 본질화야말로 페미니스트 비판의 핵심 대상이기 때문이다.

이어 오트너(Ortner 1996: 177)는 "자연/문화 대립이 보편적인가?"라는 질문으로 넘어간다. 오트너의 1972년 논문에 대한 두 번째 주요한 비판은 자연/문화 범주의 대립을 (보편적인) 남성 지배 설명에 적용한 것이었다. 이에 대해 오트너는 "자연/문화 대립이 정말로 보편적인가? 그 의미가 교차문화적으로 유사한가? 젠더와 자연/문화 정합성이 보편적인 남성 지배를 설명할 수 있는가? 그렇지 않다 해도, 이러한 관계가 지니는 유의미한 측면은 전혀 없는가?"라는 일련의 질문을 던지며 자신의 입장을 밝힌다.

오트너(Ortner 1996: 177)에 따르면, 자신의 1972년 논문에서 가장 큰 문제는 여성과 자연, 남성과 문화 사이의 연관성이 보편적이든 아니든 남성 지배를 "설명"할 수 있다고 본 것이다. 자연/문화 대립 모델과 관련된 또 다른 문제로 "자연"과 "문화"의 의미에 보편성을 부여한 것도 잘못이었다고 인정한다(Ortner 1996: 178). 이와 관련된 예로 오트너는 자연/문화 관계가 비교문화적으로 널리 관찰되는 보편적 구조라 하더라도, 항상 자연에 대한 문화적 "지배" 또는 "우월성"의 관계로 구성되는 것은 아니라는 점을 든다. 또 다른 예로 "자연"은 평화와 아름다움, 또는 폭력과 파괴, 또는 타성과 무반응 등등에 대한 범주일 수 있고, 마찬가지로 "문화"의 의미도 그에 상응하는 변이를 보일 수 있다. 동시에 오트너는 여전히 자연/문화 대립이 보편적이지는 않더라 하더라도 널리 퍼진 "구조"이고, 그러한 만큼 자연이 문화에 대해 지니는 관계를 여성이 남성에 대해 지닌다고 본다.

자신의 1972년 논문에 대해 가장 일관적으로 제기된 비판으로 오트너(Ortner 1996: 178)는 자연과 문화 사이의 대립은 보편적 대립이 아니고, 따라서 "보편적인 남성 지배"의 기저가 아니라는 지적을 꼽는다. 이는 경험적 문제일 수 있는데, "그러한 대립이 모든 문화에서 나타나는가?"에 대해 *자연, 문화, 젠더*(MacCormack and Strathern 1980) 저자들은 대부분 아니라고 대답하였다(Ortner 1996: 178-179). 여기서 오트너는 보다 근본적으로 중요한 것은 위 저자들 대부분이 오트너의 1972년 논문에서 레비-스트로스적 의미(e.g. Lévi-Strauss 1963)에서 적용한 "구조"의 문제를 회피한다는 점이라고 지적한다. 오트너에 따르면, 그와 같은 구조는 경험적으로 관찰되는 문화적 용어 및 이데올로기와 복잡한 관계를 지닌다. 오트너가 레비-스트로스적 의미에서 적용한 자연/문화는 민족지를 자세히 관찰한다고 해서 발견되는 경험적 대상이 아니라고 한다. 오트너에게 구조란 여러 민족지적 "표면"의 기저를 이루는 관계에 대한 가정이다. 따라서 특정 문화적 사례에서 용어적 범주가 부재한다고 해서 그러한 구조가 거기 없다는 것을 의미하는 것은 아닌데, 구조는 관계에 대한 패턴화로서 문화적 이름 붙이기 없이도 존재하고 작동할 수 있기 때문이다.

자신의 구조 개념을 위와 같이 밝힌 후, 구조로서의 자연/문화 모델의 유용성을 보이기 위해 오트너(Ortner 1996: 179)는 인간과 자연 사이의 마주함, 인간과 "[인간의] 자발적이고 의도적인 행위성 없이 일어나는 것"(Mill 1874; Valeri 1990: 266에서 인용), 또는 인간성 그리고 메릴린 스트라던의 용어로 세계에서 자율적으로 진행되는 과정으로서 인간 행위의 "가능성을 한계 짓는"(Valeri 1990: 266에서 인용) 그러한 과정 사이의 마주함에 대해 어떻게 해석할 것인가라는 문제를 제기한다. 오트너에 의하면, 서구적인 자연/문화의 의미 — "남자"가 "지배"하기 위한 투쟁 대상으로서의 자연과 "자연적 법칙"에 따르는 체계와의 마주함 — 는 분명 교차문화적으로 보편적이지 않다. 그러나 인간이 무엇을 할 수 있는가와 그러한 가능성을 한정하는 것 사이의 관계는 보편적 문제이므로 자신의 자연/문화 모델은 여전히 유효하다는 것이다. 물론 자연/문화에 대한 반응 또는 태도는 문화, 역사적으로 크게 다를 수 있지만 말이다.

자신의 자연/문화 개념에 대한 위와 같은 설명 후 오트너(Ortner 1996: 179-180)는 이상의 논의를 젠더 문제와 종합해 본다. 오트너는 젠더 관계는 언제나 적어도 부분적으로라도 자연/문화 경계에 위치해 있다고 하는데, 왜냐하면 몸 때문이다. 오트너에 의하면, 모든 문화에서는 아니라 해도 대부분의 문화에서 자연/문화가 상호적 은유화 관계로 나타나는데, 젠더는 자연과 문화에 대한 근본적인 존재론적 문제를 다루기 위한 강력한 언어가 된다. 또 자연과 문화에 대한 언어는 권력과 무능력, 적극성과 수동성 등은 물론 젠더, 성적 관행, 재생산 등에 대해서도 강력한 언어가 될 수 있다고 한다. 오트너는 이러한 관계가 구체적으로 어떻게 연접되는지는 문화에 따라 다를 수 있지만, 어떠한 형태로든 여성/남성, 자연/문화가 특정한 문화적, 역사적 맥락에 따라 서로 연결될 가능성은 매우 높다고 생각한다.

오트너(Ortner 1996: 180)가 보기에 보부아르의 논리 — 남성은 종적-존재를 초월하기 위한 과업에 종사하는 반면, 여성은 종적-존재의 수령에 갇혀 남성을 끌어내리는 경향이 있다 — 는 널리 관찰되어 "서구 문화"의 발명으로만 치부할 수 없다. 부족 사회에서 여자들의 시선이 닿는 것만으로도 문제가 되는 의례와 관행에서부터 이른바 고등 종교에 이르기까지 여성을 배제하는 관행에서 그 근본적 논리가 관찰된다는 것을 오트너는 한 사례로 든다. 결론적으로 오트너는 모든 인간은 문화는 적어도 부분적으로 자연의 초월에 관한 것이어야 한다는 존재론적 구조 문제를 다루어야 하는데, 그러한 구조와 여성/남성과 같은 사회적 범주 사이의 *연계*는 문화적, 정치적으로 가변적일 수 있다고 본다. 여기서 오트너의 관심은 그러한 이분법적이고 정적인 범주 자체보다는 그러한 범주와 존재론적 구조 사이의 연계 구성에 관한 정치에 있다고 한다.

4. "젠더 헤게모니" (Ortner 1990)

모권제 사회의 존재에 대한 질문을 고고학자만 받는 것은 아닌가 보다. 오트너(Ortner 1990: 35-36)에 따르면, 페미니스트 운동이 시작된

70년대 전반 인류학자들은 모권제 사회의 존재에 대한 질문을 자주 받았는데, 이에 대해 대부분의 인류학자들이 존재하지 않는다고 대답했다고 한다. 한편 남녀 평등사회의 존재에 대해서는 인류학자의 의견이 크게 갈린다고 한다. 남녀 평등주의 문제에 대한 초기 페미니스트 인류학의 입장은 *여성, 문화, 사회*(Rosaldo and Lamphere 1974a)에서 잘 나타난다. 오트너(Ortner 1990: 36)는 남녀 평등사회에 대해서도 존재하지 않는데, 알려진 모든 사회에서 남성은 나름의 방식으로 "첫 번째 성(sex)"이었고, 진정한 의미에서 양성 평등적인 사회는 존재하지 않았다고 보았다. 이후 이와 같은 보편주의적 입장에 대한 여러 이견이 제시되어 오트너는 자신의 기존 입장을 다시 설명하거나 수정하기 위해 이 "젠더 헤게모니" 논문을 썼다고 한다.

남녀 평등사회 문제에 접근하기 위해 오트너(Ortner 1990: 36-37)는 우선 용어를 정리하고 상대적인 남녀 지위와 관련된 세 차원을 구분한다. 오트너는 경험적 자료에 따라 이러한 세 차원은 서로 밀접한 관련을 지닐 수도 있고 그렇지 않을 수도 있는데, 이 세 차원을 혼동하는 것은 소모적인 개념적 논쟁을 가져올 뿐이라고 한다. 그리고 남녀 불평등사회에 대한 보편주의자와 비-보편주의자 사이의 의견 차이의 일부는 이러한 논의 수준에 대한 혼란에서 비롯되었다고 본다.

오트너(Ortner 1990: 37)는 우선 '상대적 위신'에 관한 문제를 구분한다. 이는 남성은 "첫 번째 성"이고 여성은 "두 번째", 또는 남성은 출중하거나 "높은 지위", 문화적으로 더 높은 가치나 카리스마, 또는 더 높은 권위를 지닌다 등의 주장과 관련된다. 이때 성별에 대한 상대적 평가 또는 서열을 지칭하기 위해 대개 "지위(status)"라는 용어가 사용된다고 한다.

다음 오트너(Ortner 1990: 37)는 상대적 위신 또는 지위의 문제와 상당히 다른 성격을 지녀 이와 구분해 봐야 할 것이 남성 지배와 여성 종속의 문제라고 한다. 이는 남성이 여성의 행태에 대해 여러 종류와 정도의 정당성 또는 권위를 지니고 통제력을 행사하고, 여성은 그러한 남성의 요구에 순응해야 하는 것으로 여겨지는 관계라고 할 수 있다. 이때 여성의 "자율성(autonomy)"이 문제가 될 수 있는데, 자율성은 지배의 다른 면이기 때문이다. 여기서 오트너는 지배의 요소와 위신의 요소는 서로 독립적으로 작동할 수 있음을 강조하는데, 이는 "남성 지배"의 보편성 논쟁에서 혼란의 주요 원천이었다고 한다.

세 번째로 오트너(Ortner 1990: 37-38)는 여성 권력의 문제를 구분한다. 오트너에 따르면, 아무리 극단적인 상황에서도 남성 위신이나 남성의 실제적 지배가 여성의 역량(역시 여러 성격과 정도의 정당성 또는 권위를 지님)을 완전히 부정할 수 없고, 여성은 자신 또는 타인의 존재나 행태와 관련된 영역이나 측면을 통제할 수 있다. 오트너는 이러한 여성의 역량을 "여성의 권력"으로 정의하여 먼저 살펴본 위신 또는 지위 개념 및 지배/종속 관계와 구분한다.

위와 같이 혼란의 여지가 있는 세 차원을 구분한 후, 오트너(Ortner 1990: 38)는 남녀 불평등 사회의 보편성에 대한 기존의 논쟁과 관련해 젠더 불평등이 보편적이라는 자신의 입장은 위신에 관한 것이지 남성 지배(이는 보편적이기 보다는 변이가 있는 것으로 여겨짐) 또는 여성 권력(이는 모든 경우에 그 정도를 달리하여 존재하는 것으로 여겨짐)에 관한 것이 아님을 강조한다. 기존 연구에서 오트너의 주장은 우리가 알고 있는 모든 사회에서 남성이 지니는 보다 높은 위신 그리고/또는 지위가 문화적으로 수용된다는 것인데, 이때 남성은 여성에 대한 지배력을 행사할 수도 있고 그렇지 않을 수도 있으며, 여성은 공식적 또는 비공식적 권력을 상당한 정도로 가지고 있을 수도 그렇지 않을 수도 있다고 한다. 오트너의 이러한 기존 입장에 대해서는 크게 두 상이한 반응이 있었다고 한다. 첫째는, 남성에게 부여되는 문화적 우월성은 실제로는 구체적 상황에서 여러 형태로 행사되는 여성 권력에 의해 제한을 받는다는 입장이다. 두 번째 반응은 모든 사회에서 여성보다 남성에게 문화적으로 더 높은 위신을 부여한다는 것에 대한 부인이다.

오트너(Ortner 1990: 38-39)에 의하면, 첫 번째 입장에서는 남성 위신과 지위의 문화적 속성, 그리고 여성이 실제로 상당한 권력과 영향력을 행사하는 현실적인 삶 사이의 관계를 함께 고려해야 할 필요성을 강조한다. 이러한 관점에서 봤을 때, 일견 상당히 젠더 비대칭적으로 보이는 사회에도 구체적으로 분석해 보면 평등한 측면이 있을 수 있다고 한다. 여기서 오트너는 로저스(Rogers 1975)의 연구를 예로 든다. 로저스는 프랑스 소작농의 경우를 사례로 겉으로 보이는 것보다 남성은 권력이 더 적고 여성은 더 많기 때문에 실제적으로 남성과 여성 사이에 균형이 있다고 한다. 이러한 균형은 로저스가 "남성 지배의 신화"라 칭하는 것에 의해 유지되는데, 이러한 신화에서는 남성과 여성 모두 남성이 여성보다 우월해서 더 높은 위신과 지위를 누린다는 인식을 공유한다. 그래서 남성의 영역과 여성의 영역 사이에는 "권력/위신 균형"이 있다는 것이다. 또 오트너에 의하면, 샌데이(Sanday 1981: 8)도 그녀의 널리 알려진 *여성 권력과 남성 지배*에서 "세속적 정치의 수준", 즉 권력으로 한정했을 때, "남성 우월주의 또는 성적 비대칭성은 일부 인류학자들이 주장하듯이 그렇게 널리 퍼진 것이 아니다"고 했다. 그리고 샌데이(ibid.: 168)는 위 로저스의 "신화적인 남성 지배" 개념을 들어, 남자들에게 일종의 형식적인 위신이 주어지지만 여러 중요한 결정을 내리는 것은 여자들로서, 이는 "균형 잡힌 성적 대립의 형태"를 띤다고 보았다.

이러한 입장에 대해 과거 오트너는 두 가지 이유에서 반대했다고 한다. 오트너(Ortner 1990: 39)에 의하면, 첫째, 위신과 권력은 서로에 대해 균형을 이룰 수가 없는데, 여성의 실제적인 권력과 남성의 지위를 비교하는 것은 이른바 사과와 오렌지 비교와 같다: 문화적 위신 없이 여성의 권력은 충분히 정당하지 않고, 단지 은밀히 그리고/또는 왜곡된("조작된") 방식으로 행사될 수 있을 뿐이다. 둘째, 오트너는 남성 우월성에 대한 문화적 주장/수용이 결정적인 것이라고 생각해 왔다고 한다. 특정 사회에서 남성이 문화적으로 더 높은 지위에 있다면, 실제로 여성이 얼마나 많은 권력을 행사하는지와 상관없이, 과거 오트너는 이를 "남성 지배" 또는 젠더 비대칭적 사회로 구분했다는 것이다.

오트너(Ortner 1990: 39-40)에 의하면, 로저스와 샌데이 모두 보다 높은 남성 위신에 대한 *문화적 주장*이 보편적임에 동의한다. 한편 남성 지배에 대한 반-보편주의적 입장에서는, 엘리너 리콕(Leacock 1981)의 *남성 지배의 신화*라는 연구로 대표되는 것처럼, 세상에는 *문화적으로 정의된* 평등 사회 — 대부분 수렵채집사회 — 가 있다고 보는데, 이러한 사회에서는 남성의 우월한 위신과 지위가 애초 주장되지 않는다는 것이다. 이들은 오트너와 화이트헤드 등의 보편주의자들이 수렵채집사회와 같이 남녀가 평등한 사회를 간과했다고 지적한다. 이는 보편주의자들이 여성의 권력에 정당한 무게를 부여하지 못하기 때문이 아니라, 이러한 사회들은 매우 다른 ("평등주의") 원리에 기반한다는 것을 보지 못하기 때문이라고 한다.

위와 같은 리콕의 주장에 대해 오트너(Ortner 1990: 40)는 여러 측면에서 문제가 있다고 본다. 오트너에 따르면, 우선 단순사회에서의 평등성에 대한 리콕의 기대는 구체적인 민족지 자료에 기반한 것이기보다는 엥겔스(Engels 1972)의 *가족, 사유재산, 국가의 기원*에서 제시된 "원시 공산주의"에서 약간 업데이트된 버전이라고 할 수 있다. 또 리콕은 그녀의 사례 검토를 '동전의 앞면이 나오면 내가 이기고 뒷면이 나오면 당신이 진다'는 논리로 진행한다. 그래서 단순사회에서의 어떠한 불평등도 원래 토착문화에서 그러한 것일 수 없고, 자본주의적 침투나 관찰자 편견 또는 양자 모두의 산물이어야 한다는 것이다. 리콕(Leacock 1980)이 남녀 평등주의의 주요한 사례로 드는 집단의 응답자도 실제로 남자들이 우월하다는 대답을 하였지만, 리콕은 이러한 주장을 장기간에 걸친 자본주의 침투의 효과로 치부한다.

여기서 오트너(Ortner 1990: 41)는 난관에 부딪힌 것으로 본다. 더 많은 자료나 더 적합한 자료를 찾으려는 노력은 소용이 없는데, 문제는 그러한 자료에 대한 해석이기 때문이다. 그래서 오트너는 아래에서 신선한 해석을 위한 신선한 이론적 시각을 제시한다.

오트너(Ortner 1990: 41)에 의하면, *성적 의미*(Ortner and Whitehead 1981a)에서 오트너 등의 의도는 젠더 이데올로기 해석, 상이한 문화에서 남성과 여성 및 성적 관행과 재생산 개념 구성에 쓰이는 상이한 논리를 해석할 수 있는 가장 적합한 방식 모색이었다. 또한 그러한 문화적 논리 형성에 가장 강력한 영향을 미치는 것처럼 보이는 문화적 사고와 사회적 관행의 측면을 파악하고자 했다. 오트너 등의 결론은 젠더, 성적 관행, 재생산에 대한 교차문화적 이해에 가장 효과적인 해석적 열쇠는 "위신"과 관련된 문화적 개념과 관행이었다고 한다. 왜냐하면 오트너 등에게는 젠더 자체가 중심적인 측면에서 위신 체계이기 때문이다 — 여기서 위신 체계란 남성과 여성을 차별적인 역할과 의미를 통해서 뿐만이 아니라 차별적인 *가치*, 차별적인 "위신"을 통해 구성하는 담론과 관행의 체계라고 한다.

여전히 오트너(Ortner 1990: 41-42)는 위신이 젠더 담론과 관행의 논리 이해에 중심적이라고 보지만, 기존 사회과학에서의 위신 개념에는 한계가 있어 정비될 필요가 있다고 한다. 오트너에 의하면, 위신 범주와 정치/경제 범주 사이의 구분이 지니는 함의에 대해 가장 본격적으로 다룬 것은 막스 베버(Weber 1958, 1978)이다. 베버는 계급 관계와 관련하여 계급과 신분(status) 집단을 구분하고, 정치와 관련해서 권력과 권위를 구분한다. 두 경우 모두에서 (경제적 위치, 정치적 지배와 같은) 특정 종류의 "엄연한(hard)" 사회적 현실의 측면에서 정의되는 범주가 있고, 무엇이 사회적으로 가치 있고 도덕적으로 좋은 것인가에 대한 문화적 가치에 의해 정의되는 범주가 있다. 베버는 이러한 요소들이 시간의 흐름에 따라 어떻게 상호작용하는지를 이해하고자 했다. 예를 들어, 베버는 사회적 신분은 높지만 경제적 힘은 거의 없는 귀족의 몰락이나, 부상하는 정치적 집단이 문화적 정당성을 추구하고 획득하는 방식에 관심이 있었다. 그런데 사회과학에서 역사적 관점이 쇠퇴하면서 베버의 과정적 모델 중 남은 것은 이원적으로 대립된 일련의 범주들이라고 한다. 이에는 신분과 계급, 위신과 권력, 그리고 이와 연결되는 또 다른 이원론인 유연한(soft)과 엄연한(hard), 베버 대 맑스, 관념론 대 유물론이 포함된다.

위신과 권력 사이의 관계에 대한 대립적 구성의 예로 오트너(Ortner 1990: 42)는 듀몽(Dumont 1970)의 연구 호모 *하이어아키쿠스*를 든다. 오트너에 의하면, 인도의 카스트 위계에 대한 이 책에서 듀몽은 인도 문화 자체 안에 위신과 권력 사이의 극단적 분열이 있다고 주장한다. 브라만은 정치적 권력이 없고, 여러 지역에서 경제적 힘도 거의 없지만, 위신에 있어서는 출중하고, 그 결과 이들은 인도 사회에서 헤게모니적 영향력을 지닌다는 것이다. 이 책에서 위신과 권력은 대립되고 서로에게 별다른 영향을 미치지 않으며, 전사와 정치적 지배자가 배출되는 크샤트리아의 힘은 주변적인 것으로 기술되어 있다고 한다. 오트너(Ortner 1990: 42-43)가 보기에 이 책에서 위신과 권력을 서로 대립하는 것으로 보는 관점은 다음과 같이 어느 쪽이 어느 쪽을 통제하는가에 대한 고질적이면서도 다소 무익한 논쟁을 낳았다: 브라만과 크샤트리아에 대한 듀몽의 견해처럼 위신이 실제로 권력을 "중화"하는가? 아니면 권력이 현실이고 위신은 단순히 그에 대한 신화인가, 권력이 하부구조이고 위신은 (없어도 되는) 상부구조인가? 이러한 논쟁을 위에서 소개한 남성 지배와 여성 종속의 보편성 문제와 연결해 오트너는 "남성이 위신을 지니지만 권력은 거의 없고, 그에 비해 여성은 권력은 있지만 위신이 거의 없는 "권력/위신 균형"이라는 것이 가능한가?"라는 문제를 다시 제기한다.

오트너(Ortner 1990: 43)는 *성적 의미*(Ortner and Whitehead 1981b)에서 화이트헤드와 자신이 위신의 문화적 수준을 강조하고 체계 수준에서의 권력 관행에 대해서는 주의를 기울이지 않아 위 듀몽과 유사한 관점을 보였다고 한다. 오트너에 의하면, 이러한 관점에는 문제가 있는데, "위신의 문화적 수준"과 "권력 관행"은 따로 분리될 수 없기 때문이다. 이는 베버도 인지하였고, 사회적 '관행'의 측면, 즉 행위자의 행위와 사회와 문화의 질서화 사이의 상호작용 관계와 과정(Ortner 1984)의 측면에서 현재도 인지되고 있다. 이를 염두에 두고 오트너는 이 "젠더 헤게모니"논문에서 권력과 위신을 구분하는데, 이는 둘 중 하나를 제거하거나 둘을 뭉뚱그리는 대신 양자가 상호작용하는 방식을 보기 위해서이다.

그래서 오트너(Ortner 1990: 43-44)는 "위신"이 사회적으로 작동하는 방식도 재개념화하고자 한다. 오트너에 의하면, *성적 의미*(Ortner and Whitehead 1981a)에서 오트너 등이 "위신 구조"와 "위신 체계" 개념에서 구조와 체계라는 용어를 쓴 이유는 사회적 평가에 대한 문화적 틀에는 나름의 논리와 질서가 있다는 점을 강조하기 위해서였다. 이러한 논리는 언어, 이데올로기, 제도, 사회적 관행에 널리 만연해 있다. 그런데 오트너가 보기에 구조와 체계라는 용어는 몇몇 문제가 되는 함의를 지닌다. 그에 따르면, 우선 사회나 문화가 단일의 체계이거나 단일의 구조에 의해 질서가 부여되어, 그러한 질서가 사회와 문화의 각 측면에 만연하거나 각 측면을 포함한다는 함의가 있다. 또 다른 문제로 몰-역사성(a-historicity)에 대한 함의가 있다. 체계나 구조는 변하는 것이지만, 기존의 체계나 구조 분석 방식의 대부분은 각 요소의 공시적 통합에 초점을 두어 요소들과 요소들 간 관계의 시간에 따른 변화 과정이 간과되었다. 다음 기능성에 관한 것으로, 체계나 구조는 (파슨스류의 체계이론의 경우에서처럼) 명시적 또는 (레비-스트로스류의 구조주의의 경우에서처럼) 함축적으로 그 안에 사는 사람들에게 이롭다는 함의를 지닌다.

다음 오트너(Ortner 1990: 44-45)는 담론, 문화, 이데올로기 개념과 비교하여 헤게모니 개념을 소개한다. 그에 따르면, 문화적 위신 질서를 "담론"으로 접근하는 것이 크게 무리는 아니지만, "담론"은 대개 언어적 함의를 지님에 비해 위신 범주와 평가는 언어뿐만이 아니라 상징적 표상 및 관행과 제도에도 배태되어 있다는 점을 고려해야 한다. 이러한 목적으로 오트너는 레이몬드 윌리엄스(Williams 1977)의 헤게모니 개념을 도입한다. 오트너에 의하면, 레이몬드 윌리엄스는 기존의 틀에서 단일성, 몰역사성, 기능성의 문제를 다루기 위해 그람시에게서 "헤게모니" 개념을 빌려온다. 인류학적인 문화 개념과 맑시즘에서의 이데올로기 개념을 교차하며, 헤게모니는 문화의 만연된 성질과 이데올로기의 편향된 성질을 함께 지닌다. 헤게모니 개념은 또한 명시적인 담론적 표현과 관행적, 제도적으로 배태되어 있는 성질을 함께 포착할 수 있다. "헤게모니"는 전체적인 사회적 과정을 권력과 영향력의 구체적인 분포와 연결한다는 점에서 기존의 "문화" 개념을 넘어선다. 인간이 자신의 삶을 정의하고 형성한다는 것은 추상적인 수준에서만 참이다. 실제 사회에서는 이러한 과정을 실현할 역량과 수단에 있어서 특정한 차이 또는 불평등성이 존재한다. 헤게모니 개념은 과정의 전체성(wholeness)을 고려한다는 점에서 이데올로기 개념을 넘어선다. 헤게모니 개념에서 핵심적인 것은 사고와 신념의 의식적인 체계뿐만이 아니라 특정한 지배적인 의미와 가치에 의해 관행적으로 조직된 전체적인 산 경험으로서의 사회적 과정이다(Williams 1977: 108-109).

위와 같은 개념을 오트너(Ortner 1990: 45)는 젠더 불/평등 문제에 적용하는데, 그 핵심 주장은 첫째, 어느 사회나 문화도 완전히 일관적이지 않고, 둘째, 모든 사회/문화에는 어떤 남성 위계 축과 여성 위계 축, 젠더 평등의 축, 그리고 젠더와 무관한 위신 축이 있다는 것이다. 이러한 관점에서 봤을 때 과거 접근에서의 문제는 젠더 불/평등 논쟁에 참여한 학자 모두 각각의 경우에 대해 '이것이 남성 지배인가 아닌가?'의 방식으로 도식적으로 구분하려 했다는 점이다. 그러한 도식적 구분 방식으로 대표적인 것이 자료 정화, 즉 전체적으로 잘 들어맞지 않는 "불편한 정보 조각"에 대해 해명을 하거나, 자료 조각을 더해 합산 점수에 도달하는 방식, 예를 들어 남녀간 균형 잡힌 노동 분업에 대해서는 점수를 더하고, 아내 구타 관행에 대해서는 점수를 빼는 등의 방식이다. 과거에는 오트너 자신을 포함하여 이러한 방식으로 해당 사회가 젠더 평등 또는 불평등 사회인지를 도식적, 이분법적으로 구분했다는 점에서 문제가 있다는 것이다. 그러나 이제 오트너가 보기에 보다 중요한 것은 작동하고 있는 논리, 다루어지고 있는 담론, 문제가 되는 위신과 권력 관행의 다원성이다. 이들 중의 일부는 지배적, 즉 "헤게모니적"이고, 일부는 반-헤게모니적, 즉 전복적이고 도전적일 수 있는데, 이러한 요소들 사이의 공시적, 통시적 관계도 구체적 분석의 대상이다.

이러한 관점에서 오트너(Ortner 1990: 44-46)는 보편적인 남성 지배의 문제와 관련된 민족지 자료를 다음과 같은 방식으로 다시 보고자 한다: 평등한 헤게모니로 기술되어야 할 사회에서 배타적인 남성 권위에 대한 요소가 있는가? 물론 있다. 그게 그러한 사회를 "남성 지배적인" 사회로 만드는가? 물론 아니다. 그러한 요소와 주요한 헤게모니 사이의 공시적, 통시적 관계는 어떠한가? 이러한 관점에서 여성-중심적 헤게모니, 남성-지배적인 헤게모니를 고려할 필요도 있다: 해당 체계에서 반-헤게모니, 즉 평등주의나 여성 또는 남성 권력이나 권위의 "미진한" 부분이 있는가? 물론 있다. 따라서 그러한 부분이 헤게모니적 질서와 지니는 공시적, 통시적 관계가 분석되어야 한다는 것이다.

위신 질서를 헤게모니로 보는 것, 즉 문화적으로 지배적이고 상대적으로 깊이 배태되어 있지만 그럼에도 불구하고 역사적으로 창발적이고, 정치적으로 구성되어 비-총체적인 것으로 보는 시각은 분석적으로 매우 유연하다(Ortner 1990: 46). 이를 통해 주어진 민족지의 모든 경우가 분석적으로 정합되거나 해명되어야 할 필요가 없어진다. 미진한 부분, 서로 상충되는 부분, 서로 동떨어진 부분에 대해서는 서로 간의 단기적, 장기적 상호작용과 관련하여 검토해 볼 수 있다. 그렇다고 전체적인 과정에서 모든 것이 동일한 분석적 중요성을 지니고 동일한 역할을 한다는 것이 아니다. 그러한 과정에는 질서화, 즉 어떤 의미와 관행에 대해 다른 것보다 상대적으로 지배적이라는 의미에서의 "헤게모니"가 작동한다. 오트너가 주목하는 것은 이러한 질서화와 그에 대한 탈-질서화 가능성이다.

오트너(Ortner 1990: 46-47)는 리콕의 주장으로 대표되는 것처럼 "문화적으로 평등한" 사회가 있는데, 이러한 사회에서는 비대칭적인 젠더 위신, 더 높은 남성의 사회적 가치와 신분에 대한 토착적인 이데올로기가 없다고 한다. 오트너는 이러한 주장을 위신/권력 "균형" 주장보다 젠더 불평등의 보편성에 대해 더욱 심각한 문제를 제기한다고 본다. 왜냐하면 이러한 주장은 젠더 불평등에 대한 보편주의적 주장과 같은 전제, 즉 위신 평가를 평등 아니면 불평등한 것으로 망라하는 가정에 기반하기 때문이다. 예전에 그처럼 문화적으로 평등한 사회에 대한 예로 제시된 경우에 대해 오트너는 동의하지 않았다. 그러한 예들에서 남성 지배로 얼룩진 경우로 분류될 수 있는 측면이 보였기 때문이다. 예를 들어, 크로우 인디언에 대한 검토에서 오트너는 여성이 여러 방면에 걸친 참여 권리를 지닌 것을 보았는데, 이에는 "공적 영역"에서의 고위 공직도 포함된다고 한다. 그럼에도 불구하고 오트너는 생리 오염과 관련된 일부 자료에만 매달려 크로우 사회를 "남성 지배적인" 경우로 분류하였다고 한다.

그래서 오트너(Ortner 1990: 48-49)는 크로우 사회에 대한 예전의 접근 방식 대신 위에서 제시한 헤게모니 개념을 통해 안다만 제도의 젠더 평등성과 불평등성을 사례 연구로 분석한다. 오트너는 안마단 제도에 대한 민족지 자료를 심층 검토하여 이 섬 사람들이 실제로 평등주의적 헤게모니를 지녔고, 여성과 남성 역할 및 신분을 평등하고 보완적이게 하는 강력한 문화적 경향성을 나타내는 것을 보았다. 이러한 평등주의는 정형화된 이데올로기보다는 주로 언어와 관행에 배태되어 있었다고 한다. 여기서 중요한 것은 평등주의적 헤게모니는 하부/상부구조 모델에서처럼 표면 밑에 숨어 있는 지배와 불평등의 "현실(reality)"에 대조되는 "이데올로기"가 아니라는 점이다. 평등주의가 헤게모니적이라는 것은 평등주의가 여러 다양한 영역 그리고/또는 "수준"에 만연해 있고, 별개의 현실을 반영 또는 왜곡하는 것이 아니라 그 자체로 현실을 구성함을 의미한다.

안다만 제도 사람들에 대한 오트너(Ortner 1990: 52-53)의 분석에 의하면, 성별에 따른 역할 수행에 있어서 부여된 역할과 발휘할 수 있는 융통성에 있어 남녀간 양적, 질적 균형이 관찰된다. 남성과 여성은 아이 돌보기, 생산, 교환, 지도력, 집단간 관계 등 모든 형태의 사회적 관계에 동등하게 참여하고, 의례에서도 동등하게 취급된 것으로 보인다. 남성과 여성 모두에게 집단 전체에 의해 칭송 받는 창의성과 위신의 원천이 있었다. 교차문화적으로 강력한 남성 지배와 관련되는 특징은 대부분 부재하였다. 명확하게 구분되는 남성과 여성 "영역", 젠더 경계에 대한 엄격한 규제, 노동 분업에 있어서의 분명한 비대칭성도 없었다. 또 뚜렷한 "남성 지배"도 없어서, 남성은 생산이나 결혼체계를 통제하지 않았고, 지도력에 대한 배타적인 접근성을 지닌 것도 아니었으며, 남성만의 의례도 없었다. 전반적으로 남성과 여성은 서로 존중

했던 것으로 보인다.

　이러한 안다만 섬 사회에서는 기존 연구에서 평등한 젠더 관계의
상관물로 주목한 몇 가지 특징이 관찰된다고 한다(Ortner 1990: 53-54).
첫째는 젠더가 위신의 주요한 축이 아닌 것처럼 보인다는 점이다. 위
신이나 사회적 명예가 주로 연령이나 세습적 서열과 같은 비-젠더적
기반을 지닐 때 젠더는 보다 평등한 방식으로 구성되는 경향이 있다고
한다. 오트너에 의하면, 안다만 섬에서도 연령에 의해 정의된 지위와
의무 패턴이 관찰된다. 손 아래 사람은 연장자에게 존경, 복종, 선물,
봉사할 의무가 있고, 연장자는 손 아래 사람을 사랑하고 돌보며, 고려
하고 보호해야 할 의무가 있다. 조직된 통치 기구 없이 공동체의 일은
남성과 여성 연장자에 의해 전적으로 규제되는데, 오트너는 안다만 사
회에서 널리 행해진 "아이 교환"이나 입양 패턴도 이러한 특징과 정합
하는 것으로 본다. 부모들이 일반적인 입양이나 아이 약혼의 형태로
자식들을 교환했지만, 결혼체계에서 남성들이 여성들을 "교환"하지 않
았다는 사실도 이 사회에서는 젠더보다 연령과 세대가 권위의 보다 중
요한 축이었음을 나타낸다고 본다.

　평등한 젠더 헤게모니와 관련된 안다만 사회의 두 번째 특징으
로 오트너(Ortner 1990: 55-56)는 가구적 영역과 공적 영역에 대한 "젠
더화"의 실제적 부재를 꼽는다. 가구적 영역과 공적 영역 사이의 구분
에 대해 오트너는 로잘도(Rosaldo 1980)를 인용한다. 로잘도에 의하면,
성적 비대칭성은 남성이 사회적 삶의 "공적" 영역을 차지하고 여성은
대개 "가구적" 영역 내에서 활동하는 경향에 기반한다. 오트너는 이러
한 가구적/공적 구분은 미리 상정된 젠더 차이에 기반한 것일 수 있지
만, 동시에 유지될 필요가 있는 매우 유용한 구분으로 본다. 오트너는

남성/여성 구분 뒤에 있는 함축적인 원리를 특징짓기 위해 사용되는 가구적/공적, 자연/문화, 자기-이해/사회적 선, 특수한/보편적인 등의 대립 쌍들의 문제는 "주로 남성과 연관되는 사회적 활동의 영역은 주로 여성과 연관되는 영역을 아우르기 때문에 문화적으로 높은 가치가 부여된다"(Ortner and Whitehead 1981b: 8)는 측면에서 해결할 수 있다고 제안한다. 오트너에 의하면, 여기서 포함하고 포함되는 관계 자체는 특정한 젠더 함의를 지니지 않는다. 또 그 핵심 특징은 보편적/특수한, 집합적 복지/개인적 이해 등과 관련된다. 이러한 구분은 장소나 사물보다는 일반적인 사회적 정향성과 관련된 추상적인 구분인데, 그러면서도 흔히 가구적/공적 구분으로 요약되는 일상 세계의 장소, 역할, 관행에 구체적으로 배태되어 있다.

여기서 전체의 이해관계와 관련된 결정이 내려지는 사회적 삶의 포함하는 영역과, 보다 국지적이고 특수한 이해관계와 관련된 포함되는 영역 사이의 구분을 오트너(Ortner 1990: 56-57)가 모든 민족지나 역사적 경우에 무비판적으로 적용하자는 것이 아니다. 그러나 오트너에 따르면, 경험적으로 봤을 때 그러한 구분은 흔히 젠더 구분과 복합적이고 문제가 되는 방식으로 연관되기 때문에, 그러한 연구에 유용한 틀로 쓰일 수 있다. 요점은 사회적 삶의 포함하고 포함되는 현장 및 기획이 구분되고, 조직되며, 상호 관련되는가, 이러한 구분과 상호관계의 기저를 이루는 정치 그리고 주어진 문화가 젠더 구분을 이처럼 보다 추상적인 사회적 가치의 차원에 융합하는가, 그리고 그러한 융합이 시간의 흐름에 따라 어떻게 작동되고, 논쟁되며 때로는 실질적으로 변하는가이다. 오트너는 가구와 관련된 것으로서의 '가구적', 공적 공간 및 가구 초월적 활동과 관련된 것으로서의 '공적'이라는 일반적 의미에서, 안다만 사회에서는 남성과 여성이 가구와 관련된 일(공급과 아이

돌보기) 그리고 공적 영역과 관련된 일(광장에서 노래하기, 입문식 하기, 분쟁 해결하기, 전쟁과 평화 협정) 모두에서 평등하고, 동등하며, 상호보완적으로 참여한 것을 볼 수 있었다고 한다. 어느 영역도 젠더 배타적이지 않고 또는 그러한 영역 분리 자체가 부재한다는 점에서 오트너는 안다만 사회에서 상대적인 성별 평등을 찾을 수 있다고 본다.

안다만 사회에서는 위와 같은 평등주의적 헤게모니와 함께, 그러한 헤게모니에서 벗어나는 두 가지 요소도 관찰된다(Ortner 1990: 57). 하나는 함축적, 또 다른 하나는 명시적으로 남자들을 위해 따로 마련된 의례적 역할이다. 전자는 샤먼의 역할인데, 주로 날씨 통제, 그리고 영적으로 야기된 불행 통제이다. 후자는 입문식 마지막에 신참자를 음식 금기에서 풀어주는 역할이다.

안다만 사회 샤먼은 날씨와 질병 통제라는 필요한 기능을 수행하면서도 여러 측면에서 헤게모니와 위반되는 특징을 보인다(Ortner 1990: 58). 이에는 샤먼이 모두 남성이라는 점, 타인에게 해를 가할 수 있는 특별한 힘, 연장자와 손 아래 사람 사이의 선물 주고받기 관계 착취가 해당된다. 오트너는 이에 대해 안다만 샤먼이 이 사회의 다른 분야에서 용인되지 않는 일종의 지배 경향을 보인다고 해석한다.

안다만 사회의 평등주의적 헤게모니에서 벗어나는 두 번째 요소는 음식 금기 관련 의례이다(Ortner 1990: 59). 안다만 사회에서 여성이 그 수행에서 제외된 한 특정한 역할이 있는데, 이 역할 자체는 집단의 중심적 가치와 어긋나지 않는다. 그 역할이란 젊은 남성이나 여성 입문자가 이들이 지키고 있는 여러 음식 금기에서 언제 풀려날지를 결정하는 남성 연장자의 역할이다. 그리고 나서 금기가 풀린 식량을 입문자에게 처음으로 손으로 먹이는 역할도 남성 연장자만 수행했는데, 소녀의 입문식에서도 남성 연장자만 그러한 역할을 담당했다고 한다. 안다만 사회에서 이 의례는 "주니어"를 "연장자"로 바꾸는 데 주요한 역할을 한다. 신참자는 성인으로 다시 태어나는 것인데, 애초 여성이 아이를 이 세상에 낳은 것처럼 그러한 신참자를 성인기로 상징적으로 분만하는 것은 남성 연장자이다.

이상 전반적으로 봤을 때, 오트너(Ortner 1990: 59-60)는 안다만 사회의 평등주의가 구조적으로 만연해 있다고 해석한다. 즉 평등주의가 여러 맥락과 여러 양상의 관계에서 반복적으로 나타난다는 점에서 헤게모니적이라는 것이다. 한편 오트너는 위에서 따로 살펴 본 남성 샤먼이나 연장자의 의례적 역할은 중요하기는 하지만 보다 큰 패턴으로 엮여 들어간 것이 아니라 다소 고립된 요소로 남아 있던 것으로 판단한다. 오트너에 의하면, 이러한 고립 또는 파편화 양상이 바로 헤게모니적이지 않은 성격을 나타낸다. 안다만 사회에서는 삶의 거의 모든 영역에서 남성이 남성으로서 지니는 특권이나 권위의 원천이 관찰되지 않는다.

오트너(Ortner 1990: 78)는 기존에 자신이 남성 지배를 문화적 이데올로기나 패턴화 수준에서 보편적인 것으로 보았다고 한다. 즉 모든 문화에서 이데올로기적 주장에서든 관행과 제도의 패턴화에서든 남성이 여성보다 우월하고, 남성이 보다 높은 위신, 카리스마, 또는 사회적 가치를 지닌 것으로 여겨진 줄 알았다는 것이다. 이러한 오트너의 기존 입장에 대해 세계에는 문화적으로 "평등한" 사회가 있다는 반박이 있었다. 또는 모든 문화에서 남성이 우월하게 여겨졌다 해도, 여러 문화에서 여성이 남성의 위신을 상쇄할 수 있는 실제적인 권력을 행사해 또 다른 성격의 "평등성"이 존재한다는 반박도 있었다.

　　오트너(Ortner 1990: 78-80)가 보기에 위와 같은 두 반대 입장 모두 나름대로 합당한 부분이 있다. 그래서 오트너는 앞으로의 재개념화에서 주어진 이데올로기 그리고/또는 주어진 관행의 패턴이 헤게모니적이라 해도 그러한 헤게모니는 결코 총체적이지 않다는 점을 고려하는 것이 중요하다고 지적한다. 여기서 오트너는 문화적 평등주의의 문제와 관련하여 위에서 살펴본 안다만 사회와 같이 헤게모니적으로 평등한 사회가 있다는 점을 인정한다. 그러나 이는 그러한 사회에서 "남성 지배"의 차원이 없다는 것이 아님을 분명히 한다. 오트너의 요점은 그러한 비-헤게모니적 요소가 중요하면서도 삶의 대부분이 평등주의적인 다른 축을 따라 조직될 수 있다는 것이다. 이제는 오트너도 "위신"에 대한 문화적 이데올로기와 "권력"의 실제적인 행사 관행 모두를 고려해야 한다고 본다. 오트너는 이러한 접근을 통해 이제는 다소 무익한 남성 지배의 보편성 문제를 넘어설 수 있다고 제안한다. 또 오트너는 헤게모니 밖의 권력과 지위 영역이 언제나 존재하고, 이를 통해 헤게모니는 변할 수 있음을 강조한다.

Ⅳ. 한국 고대의 젠더

한국고고학에서의 젠더 연구는 고고학 자료를 통한 남성이나 여성의 성별, 정체성, 역할, 지위 부여를 중심으로 이루어졌다. 그러한 성별/젠더 부여 작업은 대부분 교차문화적인 추정을 바탕으로 이루어졌는데, 남한지역 선사-역사시대 인골자료의 축적(표 2, 첨부 1과 2)에 따라 최근 경험적인 자료에 근거한 보다 구체적인 논의가 진행되기 시작하였다. 한편 북한지역의 젠더 연구는 인골자료가 부족한 상황에서 다양한 인물이 그려져 있는 고구려 생활풍속계 벽화를 중심으로 이루어졌다.

아래 1절과 2절에서는 한국고고학에서 대표적인 성별/젠더 지표로 쓰이는 유물인 무기와 장신구를 중심으로 한 기존 젠더 연구와, 유물, 유구와 함께 인골자료를 종합적으로 고려해 진행되고 있는 최근의 젠더 연구에 대해 살펴보겠다. 그중 1절에서는 신석기시대와 청동기시대 젠더 연구, 2절에서는 삼국시대 물질자료 중에서도 적석목곽묘를 중심으로 활발하게 진행되고 있는 젠더 연구를 검토할 것이다. 다음 3절에서는 고구려 생활풍속계 벽화 등장 인물의 역할과 지위 파악에 치중해 온 기존 연구 경향에서 벗어나, 그러한 인물들의 몸 표현과 의복 갖춤새에 나타난 특징을 유교문화와 젠더라는 측면에서 접근한 필자(우정연 2018)의 연구를 소개하겠다.

1. 선사시대의 무기와 장신구

김권구(2000)는 I 장에서 소개한 「선사시대 의례와 사회적 성(gender)의 고찰」에서 한국 청동기시대와 초기철기시대 성별에 따른 역할 분담 방식과 이를 제도화하고 정당화하는 기제로서의 의례에 대해 논의하였다. 김권구는 당시의 의례를 생산의례(농경의례, 수렵의례, 어로의례), 장송의례, 제사의례 등으로 구별한 후, 각 의례와 관련된 것으로 여겨지는 유물을 통해 거기에 표현된 성별 역할 분담을 이해해 보려 한다. 생산의례에서는 전 대전 출토 농경문 청동기, 전 경주 출토 견갑형 동기, 그리고 울주 반구대 암각화에 표현된 남성의 농경, 사냥, 의례 등의 장면에 기반하여 남성 중심적 가치와 질서를 강조하는 의례가 여러 지역에서 이루어졌을 가능성을 제시하였다(김권구 2000: 7-9). 장송의례와 제사의례에 대해서는 무덤 출토품 중 무기류인 검과 촉, 그리고 포항 인비동 16호 지석묘, 여수 오림동 5호 지석묘의 상석에 새겨져 있는 석검이나 석촉 등이 역시 사회 복합화 과정에서 강조된 남성 중심적 가치관과 질서를 나타낸다고 보았다(김권구 2000: 9-10). 이와 같은 물질자료에서 여성의 활동은 찾아보기 어렵고 남성의 활동이나 그와 관련되었을 가능성이 높은 사물이 주를 이루는 점은 당시 농경이 본격화되던 사회경제적 배경에서 이루어진 남녀 역할 분담의 한 단면을 반영하고 있는 것으로 본다(김권구 2000: 12-13).

다음 김종일은 2009년 백제연구소 국제학술회의 『고대 동아시아의 여성』에서 「고고학자료를 통해 본 한국 선사시대의 여성」(김종일 2009)에 대해 발표하고, 이를 「한국 선사시대 여성과 여성성」(김종일 2011)이라는 제목으로 출간하였다. 이 연구에서 김종일은 한국 신석기시대와 청동기시대 여성과 여성성의 형성과정을 보여줄 수 있는 자료로 신석기시대의 토우와 무덤 출토 장신구, 청동기시대의 전 대전 출토 농경문 청동기와 울주 반구대 암각화, 주거지와 무덤 및 환호나 목책시설 등의 취락 자료, 청동 의기와 무기류를 검토한다. 그에 따르면 (김종일 2011: 5), 신석기시대에는 여성들이 토우 제작을 통해 풍요나 다산을 상징적으로 표현했거나 그러한 가치들이 사회적으로 인정받았다. 또 신석기시대 남성과 여성이 장신구 등을 통해 자신의 정체성을 표현했을 가능성도 있다고 한다. 그에 비해 청동기시대 전기와 중기에는 농경 발달에 따른 노동 분화와 함께 집단 내 공동체성 또는 평등성이 강조되면서 구성원의 개인적 표현이 제약됨에 따라 개인적 정체성은 공동체성과 평등성을 강조하는 형태로 표현되었던 것으로 보았다. 이러한 가운데 여성은 개인적인 젠더 정체성 표현이 제약되었고, 이와 달리 남성에게는 남성과 깊은 관련이 있는 석검이나 석촉 부장을 통한 개인적 정체성 표현이 허용되었을 것이라고 한다(김종일 2011: 21). 청동기시대 후기에 이르면 중기의 공동체성과 평등성의 강조는 개인과 개인성 및 남성성에 대한 강조로 대체되며, 특히 후기 남성적 가치는 전사의 이미지로 대표되는 새로운 형태의 남성성을 통해 강조되었던 것으로 해석하였다(김종일 2011: 5).

위와 같은 김종일의 연구에 대해 2009년 학술회의에서 김종일 발표의 토론을 맡았던 신숙정(2009: 65-66)은 우선 기존 한국고고학에서 여성이나 젠더 관련 연구가 부족하였던 이유에 대한 자신의 견해를 다음과 같이 밝힌다. 먼저 한국고고학의 편년 치중 경향 때문으로서, 신석기시대의 경우 자연환경, 생업경제, 사회구성 등에 대한 연구를 시작한지도 얼마 되지 않았다고 한다. 여성문제 연구를 주도해 온 인류학을 비롯하여 다른 학문 분야와의 교류가 부족한 것도 한 요인이고, 또 여성고고학자가 부족하여 여성이나 젠더 관련 연구가 절실하게 요구되지 않았다는 것이다. 다음 김종일의 발표와 관련해서는 "물질 문화와 여성의 정체성에 관한 문제연구" 등을 위해 장신구, 집자리, 무덤을 찾아보고 있지만, 각각의 자료가 너무 방대하여 사례 연구가 선행될 필요가 있다고 제안하였다(신숙정 2009: 66). 또 김종일(2009: 42)이 통영 연대도유적 무덤 중 남성묘로 추정되는 1호분과 7호분 등에서 돌도끼가 출토되고, 여성묘로 추정되는 2호분 A와 14호 등에서 조개팔찌나 관옥팔찌 등이 발견되어 당시 "남녀간의 젠더적 정체성이 형성되고 인식"되고 있었다고 본 것에 대해, 신숙정(2009: 66-67)은 동의하지 않는다. 그 이유는 외이도골류 현상, 즉 오랜 시간 잠수하면서 귀 뼈에 변형이 온 잠수병이 연대도, 상노대도 패총의 성인 남녀 뼈에서 남녀를 불문하고 발견되어 당시 남녀의 역할 차이나 노동 분화가 크지 않았을 가능성을 시사하기 때문이다.

　　신석기시대와 청동기시대의 피장자 정체성 표현 차이에 대한 위 김종일(2011)의 견해는 거시적 수준에서 시사하는 바가 크다(우정연 2023: 14-15). 그러나 실제 자료 분석에 있어 김종일은 신석기시대 매장관행의 지역적 다양성과 유적별 특수성을 간과하였다(우정연 2023: 15). 예를 들어 김종일(2011: 15-16)이 언급한 통영 연대도유적의 성별에 따른 팔찌와 석부의 차별적 매납은 신석기시대 남한지역에서 일반적인 양상이 아니다(임상택 2019: 151-152; 그림 1, 첨부 1). 또 청동기시대에 공동체성이 강조되는 가운데 왜 일부 남성에게는 남성성 표현이 허용되었고, 왜 하필 검이나 촉이 쓰였으며, 그러한 '남성성'이 어느 차원에서 무엇을 의미하는지 등에 대해서도 설명이 필요하다(우정연 2023: 15).

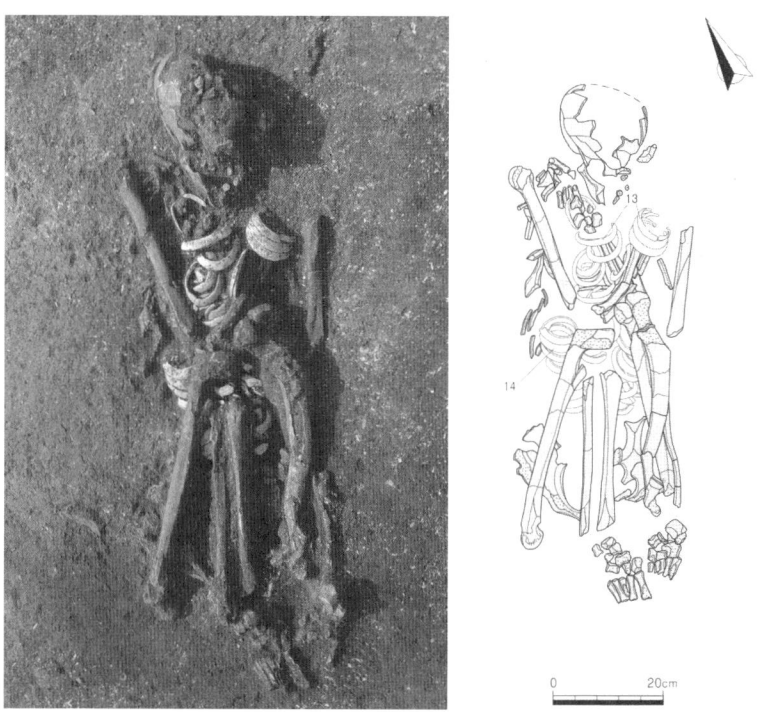

그림 1   부산 가덕도 장항유적 6호묘 남성 인골과 조개팔찌 (한국문물연구원 2014: 106)

남한지역 신석기시대와 청동기시대 성별이 확인된 인골 중, 신석기시대 인골은 6개소 유적에서 여성 34개체, 남성 34개체가 보고되어 남녀 수치가 같다(첨부 1). 그에 비해 청동기시대 인골은 13개소 유적에서 여성 6개체, 남성 20개체가 확인되어 남성이 여성에 비해 세 배 넘게 많다(첨부 2). 또 유적별 성별 분포에 있어서도, 신석기시대에는 인골 1개체만 확인된 통영 산등패총 유적을 제외한 나머지 5개소 유적에서 여성과 남성 인골이 함께 보고되었는데, 청동기시대에는 한 유적에서 여성과 남성의 인골이 함께 발견된 경우를 찾아볼 수 없다. 또 청동기시대에는 한 유적에서 여러 개체의 남성 인골이 확인되기도 하지만, 한 유적에서 여러 개체의 여성 인골이 보고된 경우는 없다.

무덤 출토품으로 신석기시대에는 도구용 유물(토기, 석부, 숫돌, 낚시바늘, 골각기)과 장신구용 유물(팔찌, 발찌, 경식, 관옥) 및 흑요석 등이 있고, 청동기시대에는 무기용 유물(검, 촉), 도구용 유물(토기, 석부, 석도, 방추차), 장신구용 유물(곡옥, 관옥) 등이 있다. 여기서 도구용 유물과 장신구용 유물은 신석기시대와 청동기시대 무덤에서 공통적으로 발견되지만, 무기용 유물은 청동기시대 무덤에서만 출토된 것을 볼 수 있다. 여성 9인과 남성 8인을 포함한 40개체 이상의 인골이 세골장된 신석기시대 울진 후포리유적을 제외하고, 신석기시대와 청동기시대 무덤 출토품 종류와 피장자 성별을 비교해 보면 아래 표 1과 같다. 신석기시대에는 정도의 차이는 있지만 토기, 석기, 장신구용 유물 모두 여성묘 출토율이 높다. 그에 비해 청동기시대에는 여성묘에서 토기와 장신구용 유물 출토율이 약간 높고, 남성묘에서 무기용 유물과 도구용 석기의 출토율이 높다.

청동기시대의 남성성과 관련하여 신석원(2015)은 남한지역 청동기시대 유적에서 보고된 인골과 무덤 자료를 전체적으로 정리하여, 신전장과 석검 부장에서 남성과 관련된 젠더가 상징적으로 표현된다고 보았다. 특히 신석원은 석검이 착장 상태로 남성묘에 매납된 경우가 다수이므로 석검이 개인성과 남성성을 나타낸다고 판단하였다.

위와 같이 청동기시대 무덤 출토 석검을 '남성성'의 상징물로 보

표 1 신석기시대-청동기시대 무덤 피장자 성별과 출토품

구분 성별	신석기시대(%)			청동기시대(%)			
	토기	석기	장신구용	무기용	토기	도구용 석기	장신구용
여성	15/25(60.0)	9/25(36.0)	9/25(36.0)	2/6(33.3)	2/6(33.3)	0/6(0.0)	1/6(16.7)
남성	15/26(57.7)	6/26(23.1)	5/26(19.2)	16/20(80.0)	5/20(25.0)	4/20(20.0)	1/20(5.0)

는 김종일(2011)과 신석원(2015)의 견해에 대해 필자(우정연 2025)는 석검의 구체적인 출토 위치와 상태를 검토하여 당시 무덤에 매납된 석검의 의미를 두 수준에서 구분해 보았다(첨부 2). 필자의 검토에 의하면, 지금까지 보고된 남성묘 20기 중 석검이 발견된 것은 14기이다. 14기 중에서 석검이 착장 상태로 매납된 것은 7기뿐인데, 7기 중에서 6기가 달성 평촌리유적에 집중 분포한다(석검이 착장 상태로 매납된 경우는 첨부 2에서 "착/"으로 표시하였다). 석검이 착장 상태로 매납되지 않은 남성묘 7기에서는 석검의 구체적 매납 양상이 유적과 무덤에 따라 다르다.

한편 여성묘에서 검이 전혀 발견되지 않은 것은 아닌데, 평창 하리유적 2호 석관묘에서는 비파형동검, 사천 본촌리유적 가2호 석관묘에서는 석검이 보고되었다. 그러나 그 구체적인 출토 위치와 상태에 있어, 평창유적 여성묘의 동검은 매장주체부 바닥 위에 놓여 있었지만 2분된 상태였고, 본촌리유적 여성묘의 석검은 개석부에서 3분된 상태로 발견되었다(첨부 2). 지금까지 보고된 여성묘 6기 중 매장주체부 안에서 석검이 확인된 경우는 없지만, 여성묘와 같은 무덤군 또는 유적 안에 축조된 다른 무덤에서 석검이 발견되는 경우가 대부분이다(우정연 2025). 이러한 남성묘와 여성묘의 양상을 종합하여 필자(ibid.)는 당시 사회에서 석검 매납이 여러 유적에서 일반적으로 이루어졌지만, 석검을 착장 상태로 매납하는 것은 달성 평촌리유적에서 집중적으로 이루어진 특수한 경우임을 밝혔다.

무덤 내 석검의 출토 위치 및 상태와 함께 유적 내 무덤의 공간적 위치를 검토한 결과, 남성묘와 여성묘 모두 공동묘역 안에 조성되기도 하고 주거구역 안이나 부근에 축조되기도 하는 것을 알 수 있었다(우정연 2025: 45-46). 한편 제천 황석리유적, 장흥 갈두유적Ⅱ, 달성 평촌

그림 2 달성 평촌리유적 20호 석관묘 남성 인골과 석검 (경상북도문화재연구원 2010: 8)

그림 3 달성 평촌리유적 공동묘역 유구 분포도 (경상북도문화재연구원 2010: 59의 도면 2 수정)

리유적에서는 남성묘가 수십 기의 무덤으로 형성된 열상배치의 일부를 이루지만, 여성묘 중에서는 그러한 경우를 찾아볼 수 없다. 필자는 이에 대해 이 책의 III장에서 살펴본 '여성의 세계사적 패배' 과정에서 나타난 부계 집단의 계보 강조와 관련되었을 가능성을 제시하였다(우정연 2025: 47-49).

위에서 언급하였듯이, 남한지역 청동기시대 사회에서 석검 매납은 여러 유적에서 일반적으로 이루어졌지만, 석검을 착장 상태로 매납하는 것은 달성 평촌리유적에서 집중적으로 이루어진 특수한 경우였다(그림 2). 이에 대해 필자는 당시 농경의 본격화와 함께 기존의 가구 중심 사회에서 취락 또는 공동체 중심 사회로 변화하는 과정에서 외부의 적이나 위협으로부터 성별을 초월하여 '우리'를 보호하기 위해 석검을 일반적으로 매납한 것으로 해석하였다(우정연 2025: 48-49). III장에서 검토한 '생명을 주는 것보다 거는 것'이 사회적으로 더 중요한 의미를 지닌다는 보부아르(Beauvoir 1961: 58-59)의 주장, 그리고 "주로 남성과 연관되는 사회적 활동의 영역은 주로 여성과 연관되는 영역을 아우르기 때문에 문화적으로 높은 가치가 부여된다"는 오트너와 화이트헤드(Ortner and Whitehead 1981b: 8)의 주장도 이러한 맥락에서 관련성을 지닌다. 한편 달성 평촌리유적과 같은 일부 유적에서는 석검이 다수의 석촉 및 열상배치와 결합하여 남성 전사의 이미지나 남성적 계보와 같은 보다 구체적이고 특수한 의미를 지닌 것으로 보았다(그림 2와 3).

2. 신라 적석목곽묘의 무기와 장신구

김선주(2010)는 『신라의 고분문화와 여성』에서 최초로 신라의 무덤자료를 통해 신라 여성에 대해 집중적으로 연구하였다. 모두 I~III부로 이루어진 이 책에서, I부는 "적석목곽분에 보이는 성별 의식", II부는 "석실분에 보이는 출계 의식", III부는 "문헌자료에 나타난 신라 여성의 정치 활동"을 다룬다. 이 중 I부와 II부에서 물질자료를 중점적으로 다루는데, I부는 다시 1장 "출토유물을 통해 본 피장자 성별 의식"과 2장 "경주지역 표형분의 특징과 성차 비교"로 나뉘어진다.

I부 1장에서 김선주(2010: 61-62)는 기존의 적석목곽분 피장자 성별 추정이 객관적인 근거보다는 연구자의 주관적 선입견에 의해 이루어졌다고 지적한다. 이에 김선주는 적석목곽분 출토품을 구체적으로 비교하였고, 이를 통해 적석목곽분 출토 장신구류, 무구류, 마구류는 성별에 따라 특정한 편중 양상을 보이는 것이 아니라 세트로 함께 증가하거나 감소하는 경향을 보인다고 판단하였다. 또 대표적인 성별 지표로 여겨지는 대도나 방추차도 서로 배타적인 출토 양상을 보이지 않고, 그래서 특정 성별을 나타내는 성별 상징 유물도 찾기 어렵다고 한다. 이러한 이유로 김선주는 당시 적석목곽분 부장품은 피장자의 성별보다는 신분이나 계층에 따라 매납된 것으로 본다.

I부 2장에서 김선주(2010: 95)는 기존에 두 기가 나란히 연접해 있다는 점에 근거하여 부부 합장묘로 추정된 표형분을 봉분 외형과 규모, 구조적 특징, 출토품 등의 속성에 따라 검토하였다. 그 결과 성별에 따른 특징 등 부부 합장묘로서의 구체적인 증거는 찾기 어렵다고 한다.

II부에서는 경주지역 석실분의 분포 현황과 묘역 차별화 등에 대한 검토를 통해 가족 의식의 발달과 사회 단위로서의 가계 대두가 신라 석실분의 수용 배경으로 작용했지만, 부계 중심의 출계 의식은 발달하지 않았다고 판단한다(김선주 2010: 126-127).

하대룡(2025: 114)은 구체적인 자료 검토를 통해 기존의 적석목곽묘 출토품과 피장자 성별 추정의 문제점을 지적한 위 김선주(2010: 15-62)의 연구를 신라고고학 최초의 본격적인 성별/젠더 연구로 평가하였다. 동시에 하대룡(2025: 103-104)은 지금까지도 신라 고분 피장자의 성별에 대한 논의가 피장자의 성별을 직접적, 이분법적으로 반영하는 물적 지표가 있을 것이라고 상정하고 그러한 지표를 설정하거나 기각하는 것에 한정되었다고 지적한다. 그로 인해 피장자의 성별이 전반적인 무덤 구성 및 사회 질서와 어떻게 연관되어 있는지에 대해서는 무관심했다는 것이다(하대룡 2025: 117-118). 이러한 연구 경향에서 벗어나기 위해 하대룡(2019)은 현대적인 선입관 대신 경험적인 자료를 통해 신라 적석목곽묘 피장자의 성별을 추정하고, 더 나아가 그러한 피장자의 성별이 적석목곽묘의 전반적인 구성 및 당시의 사회 관계와 어떠한 관련을 지녔는지를 검토한 바 있다.

하대룡(2023: 7)에 의하면, 신라 고분 피장자 성별에 대한 논의의 시작은 일제강점기로 거슬러 올라가는데, 당시 대도를 착장하거나 부장한 무덤의 피장자를 남성으로 추정하였다(조선총독부 1916). 이후 대도와 높은 공반율을 보이는 세환이식과 그렇지 않은 태환이식이 서로 배타적으로 출토되는 양상에 근거하여 세환이식을 남성, 태환이식을 여성의 물적 지표로 보아 왔다(김원용 1974). 그러나 실제로 신라 고분에서 확인된 인골의 성별과 착장이식을 비교해 보면 21건 중 6건이 기존의 이식 가설에 어긋난다고 한다(하대룡 2025: 119, 표 2). 이에 하대룡(2025: 119-120)은 인골자료가 부족한 상황에서 성별 추정을 위한 하

표 2 신라 고분 출토 인골의 착장 이식과 생물학적 성별판단 비교 (하대룡 2025: 119의 〈표 1〉 수정)

연번	출토 유구	이식부 착장유물	성별 판단	판단 근거	출전
1	계성 24호	세환이식	여성	치아	김동호 1990
2	황남대총 남분	세환이식	남성	두개골·치아	장신요·김규택 1994
3	황남동 106-3번지 3호	세환이식	남성	두개골	국립경주문화재연구소 1995
4	황남동 106-3번지 6호	세환이식	남성	두개골	국립경주문화재연구소 1995
5	황남동 106-3번지 7호	세환이식	남성	두개골	국립경주문화재연구소 1995
6	조영 1A 17호	세환이식	남성	두개골, 사지골	영남대학교박물관 2013
7	조영 1A 24호	세환이식	여성	두개골, 사지골	영남대학교박물관 2013
8	조영 1A 29호	세환이식	남성	두개골, 사지골	영남대학교박물관 2013
9	조영 1B 27호	세환이식	남성	두개골, 사지골	영남대학교박물관 2013
10	조영 1B 30호	세환이식	여성	두개골, 사지골	영남대학교박물관 2013
11	임당 2북호 부곽1순장자	세환이식	남성	사지골	영남대학교박물관 2013
12	임당 5B2호 주피장자	태환이식	여성	두개골, 사지골	영남대학교박물관 2013
13	임당 6A호 주피장자	세환이식	남성	골반	영남대학교박물관 2013
14	조영 CI-1호 주피장자	세환이식	남성	골반	영남대학교박물관 2013
15	조영 CI-1호 주곽1순장자	세환이식	남성	골반	영남대학교박물관 2013
16	조영 CI-2호 주피장자	중공구	여성	골반	영남대학교박물관 2013
17	조영 CII-1호 주피장자	곡옥수식	남성	두개골, 사지골	영남대학교박물관 2013
18	조영 CII-1호 부곽1순장자	세환이식	남성	두개골, 사지골	영남대학교박물관 2013
19	조영 CII-2호 주피장자	세환이식	남성	두개골	영남대학교박물관 2013
20	조영 EI-1호 주곽1순장자	세환이식	여성	사지골	영남대학교박물관 2013
21	황남동 95-6번지 1호	세환이식	여성	두개골, 사지골	신라문화유산연구원 2017

나의 대안으로 인간 신체의 성별 이형성(sexual dimorphism), 즉 "남성과 여성의 평균적인 신체 크기가 통계적으로 유의미하게 다르다는 원리"에 기반하여 신라 고분 출토 금속제 팔찌가 성별 지표로 쓰일 수 있는지를 검토하였다. 그에 따르면, 신라 고분 출토 금속제 팔찌 86점의 최대 내경이 60~72mm에 분포하는데, 야요이시대 조개팔찌, 무령왕릉 왕비의 팔찌, 현대의 금속제 팔찌와 비교해 볼 때 위와 같은 신라 금속제 팔찌는 여성만 착장 가능한 크기라고 한다(그림 4).

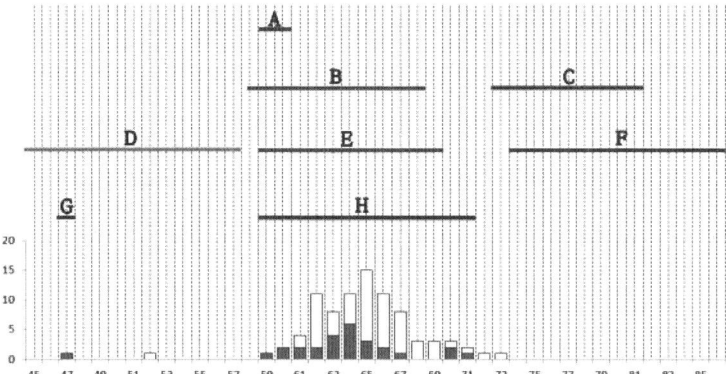

그림 4 신라 고분 출토 팔찌의 최대 내경 분포(하단)와 각종 남녀 착장 팔찌의 최대 내경 분포 범위 비교 (하대룡 2019: 81의 〈그림 15〉)

A 무령왕비 착장 팔찌, B 현대 여성용 팔찌, C 현대 남성용 팔찌, D 야요이 아동 착장 팔찌, E 야요이 여성 착장 팔찌, F 야요이 남성 착장 팔찌, G 금령총 출토 팔찌, H 신라 고분 출토 팔찌 (막대그래프 음영: 중복 착장 제외)

하대룡(2019: 85-97)은 금속제 팔찌가 지니는 성별 지표로서의 특징을 금속제 팔찌가 출토되지 않은 적석목곽묘 피장자의 성별 추정에도 활용하기 위해 금속제 팔찌와 유의미한 상관관계를 보이는 적석목곽묘 속성을 찾아봤다고 한다. 그 결과 지금까지 적석목곽묘에서 보고된 팔찌는 모두 부곽이 없는 구조의 묘곽, 즉 무부곽 형식에서 출토된 것을 알 수 있었다고 한다(그림 5). 하대룡(2019: 98-101)은 적석목곽묘에서 이러한 부곽의 설치 여부가 피장자의 성별과 관련되었을 가능성을 독립적으로 검증하기 위해 적석목곽묘 출토 인골의 성별과 묘곽 형식을 비교하여 그 가능성을 확인하였다.

한편 하대룡(2019: 114-115)은 이식을 적석목곽묘 피장자의 성별 지표로 보기는 어렵지만, 신라 고분의 복식이 이식을 중심으로 양분되는 양상(김원용 1974)과 착장 이식에 따른 부장품의 차별화(김대욱 2014; 김용성 1998)를 고려하여 이식이 피장자의 성별 외 다른 측면과 유의미

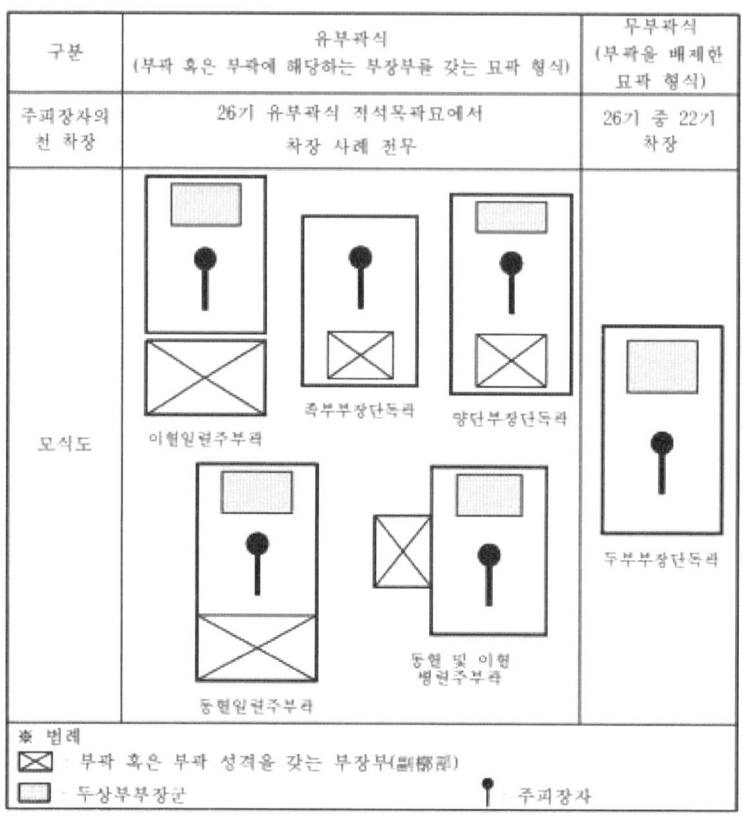

구분	유부곽식 (부곽 혹은 부곽에 해당하는 부장부를 갖는 묘광 형식)		무부곽식 (부곽을 배제한 묘광 형식)
주피장자의 천 착장	26기 유부곽식 적석목곽묘에서 착장 사례 전무		26기 중 22기 착장
모식도	이혈일렬주부곽 족부부장단독곽	양단부장단독곽 동혈 및 이혈 병렬주부곽 동혈일렬주부곽	두부부장단독곽

※ 범례
⊠ : 부곽 혹은 부곽 성격을 갖는 부장부(副槨部)
▢ : 두상부부장군   ● : 주피장자

그림 5 묘곽 형식과 주피장자 팔찌 착장 여부 (착장위세품 3점 이상 출토 무덤
대상, 하대룡 2019: 97의 〈표 12〉)

한 관계를 지녔을 가능성을 제시한다. 그래서 하대룡(2019: 117-181)은
적석목곽묘 피장자의 성격을 (1) 부곽 유무에 기반한 성별, (2) 착장 이
식의 주환 종류, (3) 착장위세품의 위계적 구성이라는 측면에서 복합
적으로 비교 분석하였다. 이를 통해 하대룡(2019: 275)은 적석목곽묘에
는 착장위세품의 구성에 따른 수직적 분화와 함께 성별과 착장 이식에
따른 수평적 분화가 복합적으로 표현된 것으로 보았다(그림 6). 하대룡
(2019: 291-296)의 분석에 따르면, 토기에서는 남성묘와 여성묘 사이에
부장량 차이가 크고, 그에 비해 철기에서는 세환군(세환이식 착장 피장자

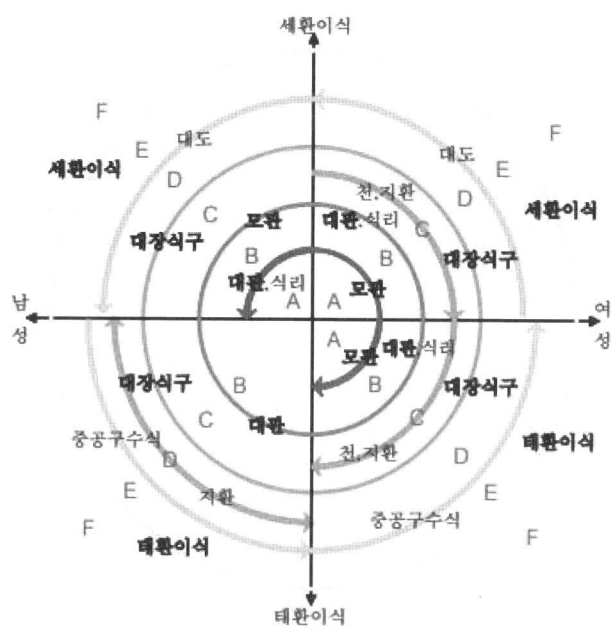

그림 6　성별과 이식에 따른 착장위세품의 누층구조 (F에서 A로 갈수록 계서가 높음, 하대룡 2019: 124의 〈그림 25〉)

표 3　피장자의 복식군에 따른 적석목곽묘의 부장 경향과 묘곽 형식 (하대룡 2019: 276의 〈표 37〉 수정)

복식군 특징	남성 세환군	남성 태환군	여성 세환군	여성 태환군
착장 이식	세환이식	태환이식	세환이식	태환이식
천 착장	불가	불가	가능	가능
대도 착장	가능	불가	가능	불가
성시구·갑주·등자 부장	부장 가능	부장 불가	부장 가능	부장 불가
토기 부장량	다량	다량	소량	소량
철기 부장량	다량	소량	다량	소량
묘곽 형식	유부곽식	유부곽식	무부곽식	무부곽식

집단)과 태환군(태환이식 착장 피장자 집단) 사이의 부장량 차이가 크다(표 3). 여성묘가 토기 부장량에서는 남성묘보다 열세이지만 착장위세품

에서는 우위를 보이는 이유는 남성은 토기의 부장량을 통해 경제력을 과시하고자 했다면, 여성은 착장위세품의 종류와 재질을 통해 위세를 표현하고자 했기 때문으로 추정한다(하대룡 2019: 256-257). 세환이식과 태환이식의 차이에 대해서는 세환이식이 상징하는 경제력과 무력에 기반한 세속적 권력과, 그에 상보적으로 태환이식이 상징하는 종교적 권력 사이의 권력 분장을 나타내는 것으로 보았다(하대룡 2019: 265-267).

그런데 하대룡이 변형될 수 없다고 본 금속제 팔찌를 최근 윤상덕(2024: 192-194)은 개방형인 A유형에서 유리팔찌와 같이 변형이 거의 불가능한 D유형으로 구분하였다(그림 7). 그 중간의 B유형과 C유형은 A유형과 같이 일자의 봉을 주조해서 둥글게 구부렸으나 개방형인 A유형과 달리 양 끝을 접합한 폐쇄형이다(그림 8). 윤상덕은 이 중 두께가 비교적 얇아서 어느 정도 변형이 가능할 것으로 보이는 것을 B유형, 단면이 방형으로 두꺼워 변형이 어려워 보이는 것을 C유형으로

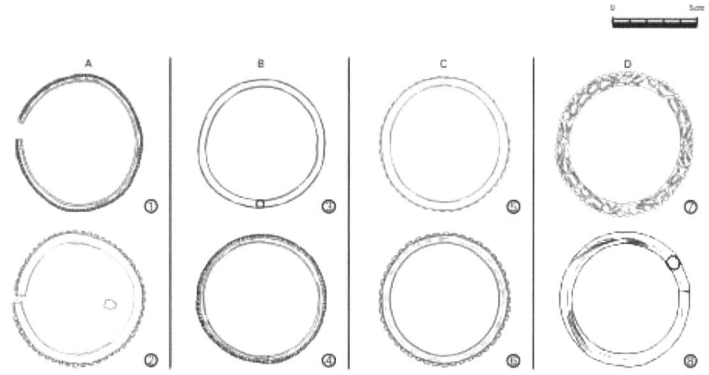

그림 7 　팔찌 유형 (윤상덕 2024: 193의 〈도15〉)
① 금관총, ② 창녕 교동 7호분, ③ 탑동 20번지 적석목곽분 3호, ④ 금관총,
⑤ 서봉총, ⑥ 탑동6-1 적석5, ⑦ 노서동 215, ⑧ 서봉총 유리팔찌

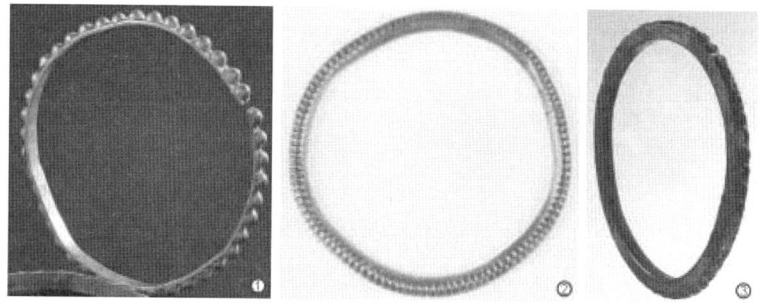

그림 8 팔찌 단면 (윤상덕 2024: 187의 〈도8〉)

① 인동총, ② 금관총, ③ 서봉총

그림 9 평면형태가 변형된 팔찌 (윤상덕 2024: 193의 〈도16〉)

① 금관총, ② 창녕 교동 11호, ③ 황오동 4호

표 4 착장 관련 팔찌 유형과 착장 이식 비교 (윤상덕 2024: 194의 〈표3〉 수정)

착장 이식 \ 팔찌 유형	A유형	B유형	C유형	D유형	계
세환착장군(남성/13기)	49	14	0	0	63
태환착장군(여성/18기)	29	17	13	6	65
계	78	31	13	6	128

구분한다. 윤상덕은 A유형과 B유형은 착장시 일부 변형이 가능하고, C유형은 변형이 가능하지만 쉽지 않으며, D유형은 상당히 어려운 것으로 추정한다(그림 9). 이러한 A유형~D유형 팔찌를 착장 이식의 종류와 비교하면(표 4), 변형이 어려운 C유형과 D유형은 태환이식 착장

군에서만 발견되고, 그에 비해 개방형인 A유형은 세환이식 착장군에서 높은 출현율을 보인다. 따라서 신라의 모든 금속제 팔찌가 변형이 어려워 여성만 착장했다고 볼 수 없고, A유형이나 B유형과 같이 일부 변형이나 늘림이 가능하여 남성이 착용할 수 있는 팔찌도 있었다는 것이다. 또 C유형 및 D유형과 같이 변형이 어려운 유형은 태환이식 착장군에서만 발견되어 여성이 착장했을 가능성이 크다고 한다. 이러한 점에 근거하여 윤상덕은 세환이식과 태환이식 및 대도 착장이 성별 지표로 여전히 유효하다고 판단한다.

적석목곽묘 피장자 성별에 대한 기존의 대도 또는 이식 가설과 최근에 하대룡이 제기한 팔찌-부곽 가설 사이의 논쟁은 아직 끝나지 않았다. 그 논쟁의 결말이 어떻게 나든 위와 같은 논쟁 과정에서 각 가설의 논리가 정교해지고, 자료를 새로운 시각에서 관찰하고 분석했으며, 새로운 방법론이 도입되었다는 점 자체가 매우 고무적인 현상이다 (하대룡 2025: 122). 또 전통적인 과학적 방법으로 '사람 사는' 과거에 한층 다가간 위 하대룡과 윤상덕의 사례 연구를 통해 기존의 과학과 객관성에 대한 일부 페미니즘의 총체적 비판의 부당함을 알 수 있다. 더 나아가 위에서 살펴본 하대룡의 일련의 연구를 통해 그러한 '사람 사는' 과거와 기존의 주류 고고학에서 주목해 온 사회적 계층화가 각기 독립적인 차원을 지니면서도 서로를 구조화하는 방식을 볼 수 있다.

3. 젠더와 문화: 고구려 생활풍속계 벽화와 유교

II장과 III장에서 살펴보았듯이 인류사에서 젠더 관계에 획기적인 영향을 미친 첫 번째 계기가 사냥꾼 남성이고 두 번째 계기가 농경이라면, 동아시아 맥락에서 세 번째 계기는 유교라고 할 수 있다(김병준 2009: 161; 김영심 2003: 73). 기존 동아시아 젠더 연구에서 유교는 주로 여성 억압적인 기제로서 논의되었는데, 유교 자체는 그러한 억압적 기제로 단순 환원될 수 없다.

로즌리(2023: 12-13)는 서구 페미니즘에서 생물학적 성별(sex)과 구분되는 사회문화적 성별로서의 '젠더' 개념이 비판적으로 논의되고 있음에 비해, 정작 그러한 젠더의 교차문화적 연구에서 타자의 '문화'에 대해서는 무관심했음을 지적한다. 서구 페미니스트들은 서구의 가부장적 문화에 저항하기 위한 보편적 정당성을 획득하기 위해 서구적 '여성'의 범주를 본질화하고 그 틀에 맞게 제3세계의 자매들을 재단하려 한다는 것이다(로즌리 2023: 13-14). 그러나 보부아르(Beauvoir 1961)의 주장처럼 여성이 태어나는 것이 아니라 만들어지는 것이라면, 교차문화적 젠더 연구에서 젠더적 존재일 뿐만이 아니라 문화적 존재이기도 한 여성들이 놓여 있는 문화적 특수성을 이해해야 할 필요가 있다(로즌리 2023: 14).

중국의 음양(陰陽)과 내외(內外) 개념은 서구의 젠더 모델과 공유하는 이원적 구조라는 표면적 유사성으로 인해 서구 페미니즘에서 여러 오해를 받아 왔다. 먼저 음양론에서 음의 수용적 속성과 양의 팽창적 속성이라는 우주론적 개념은 중국 여성의 가부장제 종속을 정당화하는 이념적 기제로 간주되기도 하였다(e.g. Hinsch 2002; Topley 1975; 로즌리 2023: 140에서 인용). 그러나 '몸-욕망-여성' 대 '마음-이성-남성'과 같은 서구의 이분법적이고 대립적인 젠더 모델과 달리 중국의 음양론에서는 양이 전적으로 남성은 아니고 음이 전적으로 여성인 것도 아니다(로즌리 2023: 135-139). 원래 산의 그늘진 쪽과 양지바른 쪽을 지칭하기 위해 쓰인 순환적이고 상보적인 우주론적 개념으로서의 음양이 이후 젠더 관념과 연관되게 되지만, 이때에도 음양 개념은 여성성과 남성성을 교차하고 넘어선다(로즌리 2023: 105, 135). 중국에서 음양은 천문학, 의학, 점술 등과 같은 다양한 분야에서 인간의 신체와 우주의 운용을 설명하는 궁극적인 개념인 것이다(로즌리 2023: 105).

여기서 원래 우주론적 개념으로 출발했던 음양론이 '양존음비' 개념과 결합하게 된 역사적, 정치적 배경에 대해 살펴볼 필요가 있다. 로즌리(2023: 117, 130-131)에 따르면, 한대 동중서의 『춘추번로』에는 '양은 존귀하고 음은 비천하다'는 주장이 여러 차례 개진되었는데, 이는 멸망한 진왕조의 — 음으로 상징되는 — 법률과 형벌을 중시한 법가 전통과 대조하여 한왕조의 — 양으로 상징되는 — 인(仁)을 중시하는 유가 전통을 정당화하기 위한 전략의 일부였다. 이는 이후 '음양천지'와 '음양남녀'라는 위계적인 은유의 형태로서 젠더 규범으로 자리 잡게 된다(로즌리 2023: 131-132). 이러한 음양 의미의 변화 과정을 통해 음양 개념이 처음부터 여성을 남성에 종속시키기 위한 목적에서 의도적으로 고안된 것은 아니라 해도 역사적, 정치적 맥락의 변화에 따라 가변적인 복잡한 은유적 연관망을 통해 여성 억압적인 이데올로기적 기제로 작동하게 되는 한 가지 방식을 볼 수 있다.

한편 서구 페미니즘에서 유교문화의 내/외 개념은 서구의 가족/국가 또는 사적/공적 개념과 동일시되기도 하는데, 이 역시 유교문화에 대한 피상적 또는 왜곡된 이해에서 비롯된 잘못된 생각이라고 한다(로즌리 2023: 20-21). 로즌리(2023: 176)에 의하면, 아리스토텔레스로부터 홉스, 로크, 루소, 헤겔 등에 이르기까지 서구 정치 담론에서 가족이 배제된 것과 달리, 유교문화에서 여성이 위치하는 '내' 영역은 유교

정치 질서의 중심을 이룬다. 유교문화에서 가족은 조화로운 국가 건설을 위한 토대이고, 효의 '사적'인 덕은 정치적 선과 별개의 덕목이 아니라 공공선이 실현되기 위한 기초로서 모든 '공적'인 덕의 근간이 된다(로즌리 2023: 20-21, 311-312). 불효하는 자녀는 곧 충성스럽지 않은 신민이기에, 효를 실천하는 자녀를 기름으로써 충성스러운 신민을 기르고 국가 질서를 유지할 수 있다는 것이다(로즌리 2023: 311-312).

여성은 가족과 가구 관리의 영역인 '내'에 속하고, 남성은 거기서 확장된 정치와 기억의 영역인 '외'까지 나아갈 수 있다는 점에서 남녀 차이와 차별은 분명 존재한다(로즌리 2023: 181, 192, 198-199). 그러나 여성이 위치한 내 영역이 가족, 공동체, 국가로 이어지는 동심원의 구심을 이루는 만큼 내 영역에서의 여성의 행위는 외 영역에 영향을 미친다(로즌리 2023: 177). 이러한 내/외 경계는 남녀의 역할과 기능 구분을 위한 경계이면서, 동시에 그러한 젠더화된 구분이 의례적 규범에 따라 수행되는 문명화된 한족의 세계와 주변의 야만적인 이민족의 세계를 구분하는 경계로도 작용한다(로즌리 2023: 147-158). 여기서 내/외 경계는 국경이나 집의 벽과 문으로 구체화된 물리적 경계일 뿐만이 아니라 젠더화, 의례화, 문명화 과정이 공명하는 세계에 대한 상징적인 경계이기도 하다(로즌리 2023: 153).

위와 같은 유교문화의 특수성을 고려하여 그동안 여성(e.g. 강영경 2004)이나 남성(e.g. 강현숙 2013; 김수민 2003, 2011)의 역할 또는 지위 규명을 중심으로 연구된 고구려 생활풍속계 벽화와 젠더를 보다 넓은 시각에서 조명해 볼 수 있다. 필자(우정연 2018)는 위에서 살펴본 유교문화에서의 '젠더화-의례화-문명화'의 상호구성 원리를 통해 고구려 생활풍속계 벽화에 표현된 세계의 내/외를 구분해 본 바 있다. 고구려 고분벽화에는 여러 종류의 인물이 등장하는데, 이들은 벽화분 내 주요 출현 위치에 따라 몸의 형태와 의복 갖춤새에서 다음과 같은 차이를 보인다(우정연 2018: 110-111). 무덤칸 내부 생활장면 속 인물들의 몸은 대부분 의복으로 가려져 밋밋하게 표현된 반면, 천장고임부 천인들의 몸은 유려하고, 무덤칸 경계부 장사들의 몸은 우락부락하게 표현되었다(그림 10). 또 천인이나 장사 중에는 의복의 일부를 갖추어 입지 않은 경우도 있다.

기존 연구에서 생활장면 속 인물의 밋밋한 몸과 몰개성은 인물의 개성 표현에 대한 사회적 제약이 있었거나 화공의 역량이 부족했기 때문이고(전호태 2003: 82, 2004: 222-223), 장사의 개성 있는 근육질 몸은 이들이 담당하고 있는 역할에 필요한 육체적 힘을 표현하기 위한 것으로 이해되었다(강현숙 2013; 김수민 2011; 안휘준 1988: 41; 전덕재 2006: 13; 전호태 2016: 254; 그림 11과 12). 그러나 개성 표현에 대한 제약이나 화공의 역량 부족 때문이라는 이유는 한 무덤에 밋밋한 몸이 우락부락한 몸

그림 10 유려한 몸, 밋밋한 몸, 우락부락한 몸
좌: 덕흥리벽화분 비선과 관인(조선유적유물도감 편찬위원회 1990a: 148); 우: 각저총 씨름 장사(조선유적유물도감 편찬위원회 1990a: 101)

그림 11　문지기

좌: 장천1호분(조선유적유물도감 편찬위원회 1990b: 75); 중: 약수리(조선유적
유물도감 편찬위원회 1990b: 27); 우: 삼실총2실(조선유적유물도감 편찬위원회
1990b: 67

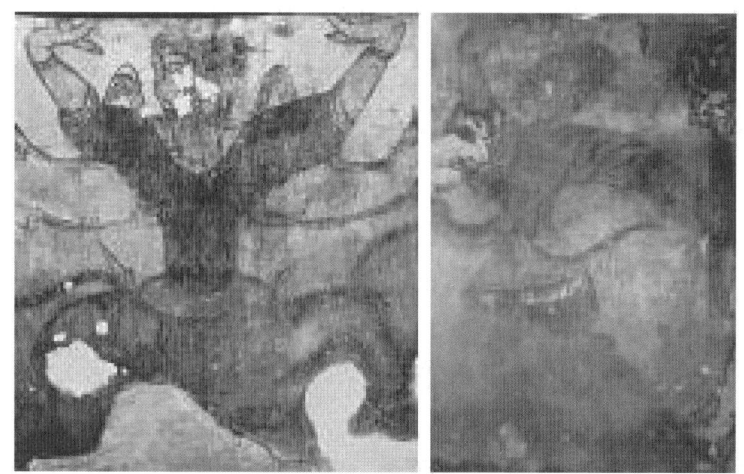

그림 12　역사

좌: 삼실총2실(조선유적유물도감 편찬위원회 1990b: 68); 우: 삼실총3실(조선유
적유물도감 편찬위원회 1990b: 69)

과 함께 표현된 경우에 대한 충분한 설명이 될 수 없다(우정연 2018: 110-
111). 한편 근육질 몸을 육체적 힘에 대한 표현으로 보는 관점에서는 사

냥이나 전투 장면에서 그러한 몸을 찾아볼 수 없는 이유를 설명할 수 없다.

아래 그림 13에서 볼 수 있듯이 사냥 장면에서는 육체적 힘이 표현된 우락부락한 몸 대신 세부적인 측면에서 구분되는 다양한 종류와 형태의 모자가 관찰된다(우정연 2018: 129-130). 그림 14의 전투 장면에서도 무사의 몸은 밋밋하게 처리된 반면 무사가 신고 있는 못신에서는 신바닥의 못을 알아볼 수 있도록 구체적으로 표현해 놓았다(우정연 2018: 130). 여기서 필자(우정연 2018: 131)는 당시 고구려에서 지배층이 주도하는 사냥이나 전투는 위에서 본 문지기나 역사 등의 개별적 역할과 달리 사회적으로 합의된 규범과 절차에 따라 이루어지는 집단적이고 조직적인 활동이라는 점에 주목하였다(김수민 2003: 167; 전호태 2016: 267-284). 또 유교전통에서 의복은 젠더화, 의례화, 문명화 과정의 핵심적인 부분으로서 의복 갖춤새에 따라 그 착장자가 문명화된 세계의 안과 밖 어디에 속하느냐가 구분되기도 한다(로즌리 2023: 147-158; 전호태 2008: 50).

그림 13   수렵도와 기마무사 행렬도
좌: 무용총(조선유적유물도감 편찬위원회 1990b: 41); 우: 덕흥리벽화분(조선유적유물도감 편찬위원회 1990a: 152)

그림 14　전투도: 통구12호 북분
(조선유적유물도감 편찬위원회 1990a: 93)

　　이상을 종합하여 필자(우정연 2018: 110)는 고구려 벽화분 무덤칸 내부 벽면은 개별 생물체로서의 개성이나 몸보다 사회 질서를 위해 젠더화되고 의례화된 몸과 의복 갖춤새의 표현이 중요한 공간으로 해석했다. 그에 비해 천장고임부와 같은 천계(天界), 그리고 널길이나 무덤방 입구 벽면과 같은 경계(境界)는 인물의 젠더화나 의례화가 이루어지지 않은 비-사회적 공간이었기 때문에 인물의 개성 표현이나 신체 노출이 금지되지 않았던 것으로 이해하였다(우정연 2018: 109-110). 이처럼 유교를 단지 여성 억압적인 기제로만 보는 시각에서 벗어나면 훨씬 더 다양하고 폭넓은 관점에서 당시의 사람과 물질문화에 접근할 수 있을 것이다.

V. 맺음말

'여성'의 보편성과 특수성 문제는 젠더고고학에만 한정된 것이 아니라, 개별적으로 고유한 여자들의 속성, 경험, 위치, 욕망으로부터 보편적인 유대를 형성하기 위한 페미니즘의 정체성 자체에 내재되어 있다고 할 수 있다(Stockett and Geller 2006: 3-4). 고고학에서보다 먼저 페미니즘을 도입한 인류학에서 여성과 페미니즘에 대한 고전으로 여겨지는 *여성, 문화, 사회*(Rosaldo and Lamphere 1974a) 및 *여성에 대한 인류학을 위해*(Reiter 1975)에서 *지식 교차로에서의 젠더*(di Leonardo 1991) 출판 사이에 연구의 초점이 여성에서 젠더로 옮겨 갔고, 그러한 과정에서 여성들 간의 보편성보다는 변이성이 주목을 받기 시작했다(Lamphere 2006: ix; Stockett and Geller 2006: 10). 이처럼 차이에 대한 강조가 여성이라는 범주의 응집성과 정체성을 약화시킨다면, 여성이 더 이상한 집단이 아니라면 페미니즘의 기반은 무엇인가(Moore 2006: 28)? 페미니즘은 어디로 향해 가고 있는가? 페미니즘이 어디로 가고 있는지 장담할 수 없는 만큼, 우리는 페미니즘이 어디에서 어떻게 여기까지 왔는지를 잘 기억해야 할 필요가 있다(Wylie 2006: 167-168). 특히 제3 물결 페미니즘의 차이와 특수성에 대한 강조로 인해 보편적이지는 않더라도 널리 공유되는 구조적 유사성을 간과해서는 안 될 것이다(Wylie 2006: 171-172).

여성과 젠더 연구에서 나타나는 이러한 보편성과 특수성 사이의 긴장에 주목하여 이 책의 II장과 III장에서는 제2물결 페미니즘에 대한 서구 고고학과 인류학에서의 고전적 연구 및 논쟁에 대해 살펴보았다. II장에서는 본격적인 젠더고고학 연구의 시작으로 꼽히는 "고고학과 젠더 연구"(Conkey and Spector 1984), 초기 젠더고고학의 구체적 연구 방향을 볼 수 있는 *고고학을 젠더화하기*(Gero and Conkey 1991), 보다 이론적으로 정향된 "관행 강령"(Conkey and Gero 1997)을 소개하였다. 이 세 편의 고고학 문헌을 통해 남성중심주의에 대한 비판에서 과거 여성의 현존과 행위, 그리고 성별/젠더에 대한 이론적 논의 및 과학과 객관성에 대한 비판으로의 초점 이동을 볼 수 있었다. III장에서는 II장에서 다룬 논의의 주요 배경이 되는 인류학적 모델로 '사냥꾼 남성'(Washburn and Lancaster 1968), '여성의 세계사적 패배'(Engels 1972), '자연과 문화'(Ortner 1972, 1996)를 살펴본 후, 여성의 보편성과 특수성, 문화의 만연된 성질과 이데올로기의 편향된 성질을 유연하면서도 종합적으로 분석해 볼 수 있는 '젠더 헤게모니'(Ortner 1990) 모델을 소개하였다. IV장에서는 김권구(2000)의 「선사시대 의례와 사회적 성(gender)의 고찰」을 시작으로 하여 한국 고대의 젠더에 관한 고고학 연구를 검토하였다. 1절과 2절에서는 무기와 장신구 및 최근까지 축적된 인골자료를 중심으로 하여 이루어진 남한지역 젠더 연구를 선사시대와 삼국시대 신라로 구분하여 소개하였다. 3절에서는 유교를 여성 억압적인 기제로 한정하는 시각에서 벗어나기 위해 고구려 생활풍속계 벽화 등장 인물의 몸과 의복 갖춤새에서 나타나는 특징을 유교문화에서의 젠더화와 문명화 개념(로즌리 2023)을 통해 해석한 필자의 연구(우정연 2018)를 한 사례로 제시하였다.

서구 고고학과 인류학 그리고 한국고고학에서 진행되고 있는 위와 같은 논의를 통해 독자들은 장기간에 걸친 인류사적 변동 과정에서 나타나는 성별/젠더의 보편성과 특수성에 주목해 볼 수 있을 것이다. 사냥꾼 남성과 채집자 여성 사이의 복잡하고 유동적인 역할 분담에서 부터 농경의 집약화와 사회적 계층화 과정에서의 여성의 세계사적 패배, 젠더화된 존재이자 문명화된 존재로서의 유교적 남녀, 그리고 현재 여자 또는 남자로 불리는 것에 대한 우리의 정체성에 이르기까지 이어지는 그 긴장말이다.

참고문헌

강영경, 2004, 「고분벽화를 통해서 본 고구려 여성의 역할과 지위」, 『고구려발해연구』17.

강인구, 1980, 「달성 진천동의 지석묘」, 『한국사연구』28.

강현숙, 2013, 「고구려 고분 벽화에 표현된 관념과 실제: 서역계 인물을 중심으로」, 『역사문화연구』48.

경기문화재연구원, 2009, 『안성 만정리 신기유적』.

경남문화재연구원, 2001, 『진주옥방 7지구선사유적』.

경상대학교박물관, 2011, 『사천 본촌리유적』.

경상북도문화재연구원, 2010, 『달성 평촌리 · 예현리 유적』.

국립경주문화재연구소, 1995, 『경주 황남동 106-3번지 고분군 발굴조사보고서』.

국립경주박물관, 1991, 『울진후포리유적』.

국립광주박물관, 2009, 『안도패총: 여수금오도~안도간 연도교 건설구간 내 유적』.

국립중앙박물관, 1967, 『한국지석묘연구』.

국립진주박물관, 1989, 『욕지도』.

국립진주박물관, 1993, 『연대도I』.

기전문화재연구원, 2006, 『평택 토진리 유적』.

김권구, 2000, 「선사시대 의례와 사회적 성(gender)의 고찰」, 『고고역사학지』16.

김대욱, 2014, 「임당 고총의 축조와 그 장제」, 영남대학교 대학원 박사학위논문.

김동호, 1990, 「창녕 계성지구 고분군의 재검토」, 『고고역사학지』5-6.

김민정, 2014, 「인류학으로 젠더 읽기」, 『젠더와 사회』(한국여성연구소 엮음), 파주: 동녘, 99-130쪽.

김병준, 2009, 「중국 진한시기 여성: 국가와 가족질서 사이의 다층성」, 『고대 동아시아의 여성』(2009 백제연구소 국제학술회의 자료집).

김선주, 2010, 『신라의 고분 문화와 여성』, 서울: 국학자료원.

김수민, 2003, 「평양지역 고구려 벽화 수렵도에 보이는 생사관」, 『고구려발해연구』15.

김수민, 2011, 「고구려 고분벽화에 나타나는 문지기에 대한 소고」, 『한국고대사탐구』8.

김영심, 2003, 「한국 고대사회 여성의 삶과 유교: 여성 관련 윤리관의 검토를 중심으로」, 『한국고대사연구』30.

김용성, 1998, 『신라의 고총과 지역집단: 대구·경산의 예』.

김원용, 1974, 「신라고분의 몇가지 특성」, 『동양학』4.

김재현, 2002, 「인골로 본 남강 대평사람들」, 『청동기시대의 대평·대평인』, (국립진주박물관 편), 진주: 국립진주박물관.

김종일, 2009, 「고고학자료를 통해 본 한국 선사시대의 여성」, 『고대 동아시아의 여성』(2009 백제연구소 국제학술회의 자료집).

김종일, 2011, 「한국 선사시대 여성과 여성성」, 『한국고고학보』78.

동의대학교박물관, 2008, 『진주 대평리 옥방4지구 선사유적』I.

로즈리, 리-시앙 리사, 2023, 『유교와 여성』, 서울: 필로소픽. (정환희 옮김)

부산수산대학박물관, 1989, 『산등패총』.

선문대학교, 2001, 『진주 대평리 옥방 5지구 선사유적』.

쏘렌센, 마리 루이스 스티그, 2014, 『젠더고고학』, 과천: 진인진. (우정연 옮김)

신라문화유산연구원, 2017, 「경주 황남동 95-6번지 유적」, 『2015년도 소규모 발굴조사 보고서 XIX』, 한국문화재재단(편).

신석원, 2015, 「인골로 본 청동기시대 묘제 연구」, 동아대학교 대학원 석사학위논문.

신숙정, 2009, 「「고고학자료를 통해 본 한국 선사시대의 여성」에 대한 토론문」, 『고대 동아시아의 여성』(2009 백제연구소 국제학술회의 자료집).

안휘준, 1988, 「한국 고대회화의 특성과 의의(하): 삼국시대의 인물화를 중심으로」, 『미술자료』42.

엥겔스, 프리드리히, 2012, 『가족, 사유재산, 국가의 기원』, 서울: 두레. (김대웅 옮김)

영남대학교박물관, 2013, 『영남대학교박물관 소장 경산 임당유적 출토 인골연구 자료집』.

우리문화재연구원, 2009, 『진주 중천리 유적』.

우정연, 2010, 「영미 젠더고고학의 최신 동향: 체화(embodiment)와 성적 관행(sexuality)을 중심으로」, 『한강고고』4.

우정연, 2018, 「고구려 고분벽화 인물의 몸과 체화(體化)-유교 문화와의 관계를 중심으로-」, 『백산학보』111.

우정연, 2023, 「남한 지역 신석기시대~청동기시대 무덤과 몸의 가분성(dividuality)」, 『한국학』173.

우정연, 2025, 「남한지역 청동기시대 석검 매납과 '남성성' 재검토」, 『호서고고학』62.

윤상덕, 2024, 「신라 5~6세기 무덤 출토 팔찌에 대한 연구-물리적 · 형태적 특성 및 착장 양상을 중심으로」, 『박물관과 연구』1.

임상택, 2019, 「무덤으로 본 신석기시대 어로민의 해양경관 구축」, 『고고학지』25.

장신요 · 김규택, 1994, 「인골에 대한 고찰」, 『황남대총(남분) 발굴조사보고서』.

전남문화재연구원, 2006, 『나주 랑동유적』.

전덕재, 2006, 「한국 고대 서역문화의 수용에 대한 고찰-백희 · 가무의 수용을 중심으로-」, 『역사와 경계』58.

전호태, 2003, 「고구려 고분벽화와 동아시아 고대 장의미술」, 『고구려발해연구』16.

전호태, 2004, 『고구려 고분벽화의 세계』, 서울: 서울대학교출판부.

전호태, 2008, 『고구려 고분벽화 읽기』, 서울: 서울대학교출판부.

전호태, 2016, 『고구려 생활문화사 연구』, 서울: 서울대학교출판문화원.

조선유적유물도감 편찬위원회, 1990a, 『조선유적유물도감5: 고구려편(3)』, 조선유적유물도감 편찬위원회.

조선유적유물도감 편찬위원회, 1990b, 『조선유적유물도감6: 고구려편(4)』, 조선유적유물도감 편찬위원회.

조선총독부, 1916, 『조선고적도보』3.

추연식, 1997, 「호더(Hodder)와 후기과정고고학」, 『인물로 본 고고학사』(최몽룡 · 최성락 편), 서울: 한울, 271-303쪽.

충북대학교박물관, 1984, 「제원 황석리B지구 유적발굴조사 보고」, 『충주댐 수몰지구 문화유적발굴조사종합보고서 고고 · 고분분야』(I).

켈리, 로버트, 2014, 『수렵채집 사회: 고고학과 인류학』, 서울: 사회평론아카데미. (성춘택 옮김)

하대룡, 2019, 「신라 고분의 구성 정형 연구-적석목곽묘 피장자의 성격 복원을 중심으로-」, 서울대학교 대학원 박사학위논문.

하대룡, 2023, 「신라 고분의 젠더 분석 시론-적석목곽묘를 중심으로」, 『고고학』

22-3.

하대룡, 2025, 「고고학적 자료로 본 신라 고분 피장자의 젠더-접근 방법과 가능
성-」, 『신라사학보』64.

한국문물연구원, 2014, 『부산신항 준설토투기장 사업부지 내 부산 가덕도 장항유적』.

한국문화재재단, 2018, 『2016년도 소규모 발굴조사 보고서 IV』(강원2).

호남문화재연구원, 2006, 『장흥 갈두유적』II.

홍찬숙, 2012, 「여성 억압의 물적 토대를 찾다」, 『여성주의 고전을 읽는다』(한정
숙 엮음), 파주시: 한길사, 181-221쪽.

Anderson, A., S. Chilczuk, K. Nelson, R. Ruther, and C. Wall-Scheffler, 2023,
The Myth of Man the Hunter: Women's Contribution to the Hunt
across Ethnographic Contexts, *PLoS One* 18(6), Article e0287101.

Ardener, E., 1975, Belief and the Problem of Women. The Problem Revisit-
ed, in S. Ardener (ed), *Perceiving Women*, New York: John Wiley
and Sons, pp. 1-28.

Ardener, S., 1981, *Women and Space: Ground Rules and Social Maps*, Lon-
don: Croom Helm.

Arsenault, D., 1991, The Representation of Women in Moche Iconography,
in D. Walde and N. Willows (eds), *The Archaeology of Gender*,
Calgary: Archeol. Assoc. Univ. Calgary., pp. 313-326.

Atkinson, J., 1982, Review Essay: Anthropology, *Signs* 8(2): 236-258.

Atkinson, J., 1990, How Gender Makes a Difference in Wana Society, in J.
Atkinson and S. Errington (eds), *Power and Difference: Gender
in Island Southeast Asia*, Stanford: Stanford University Press, pp.
59-93.

Beauvoir, S. de, 1961, *The Second Sex*, New York: Bantam Books.

Beechy, V., 1978, Women and Production: A Critical Analysis of Some Socio-
logical Theories of Women's Work, in A. Kohn and A-M Wolpe
(eds), *Feminism and Materialism*, London: Routledge and Kegan
Paul, pp. 155-197.

Benedict, J. W., 1993, *Excavations at Bode's Draw: A Women's Work Area in the Mountains near Estes Park, Colorado,* Ward, CO: Cent. Mt. Archaeol.

Binford, L. R., 1980, Willow Smoke and Dogs' Tails: Hunter-Gatherer Settlement Systems and Archaeological Site Formation, *American Antiquity* 45(1): 4-20.

Bliege Bird, R., B. F. Codding and D. W. Bird, 2009, What Explains Differences in Men's and Women's Production? Determinants of Gendered Foraging Inequalities among Martu, *Human Nature* 20: 105-129.

Boas, F., 1889, The Central Eskimo. Https://Repository.Si.Edu Handle https://Repository.Si. Edu Handle. 1885.

Bourdieu, P., 1977, *Outline of a Theory of Practice*, Cambridge: Cambridge University Press.

Brightman, R., 1996, The Sexual Division of Foraging Labor: Biology, Taboo, and Gender Politics. *Comparative Studies in Society and History* 38(4): 687-729.

Brown, J., 1970, A Note on the Division of Labor, *American Anthropologist* 72: 1073-1078.

Brumfiel, E., 1991, Weaving and Cooking: Women's Production in Aztec Mexico, in J. Gero and M. Conkey (eds), *Engendering Archaeology: Women and Prehistory*, Oxford: Blackwell, pp. 224-251.

Brumfiel, E., 1992, Breaking and Entering the Ecosystem: Gender, Class, and Faction Steal the Show, *American Anthropology* 94(3): 551-567.

Butler, J., 1990, *Gender Trouble: Feminism and the Subversion of Identity*, New York: Routledge.

Butler, J., 1993, *Bodies That Matter: On the Discursive Limits of "Sex"*, New York: Routledge.

Carman, C. J., 1991, Sweatlodge Participation among Nez Perce Women, in

D. Walde and N. Willows (eds), *The Archaeology of Gender*, Calgary: Archeol. Assoc. Univ. Calgary., pp. 159-164.

Chilton, E., 1994, In Search of Paleo-women: Gender Implications of Remains from Paleoindian Sites in the Northeast, *Bull* 55: 8-14.

Chodorow, N. J., 1974, Family Structure and Feminine Personality, in M. Z. Rosaldo and L. Lamphere (eds), *Woman, Culture and Society*, Stanford: Stanford University Press.

Claassen, C. P., 1991, Gender, Shellfishing, and the Shell Mound Archaic, in J. M. Gero and M. W. Conkey (eds), *Engendering Archaeology: Women and Prehistory*, Oxford: Blackwell Publishers, pp. 276-300.

Collier, J. and M. Rosaldo, 1981, Politics and Gender in Simple Societies, in S. Ortner and H. Whitehead (eds), *Sexual Meanings: The Cultural Construction of Gender and Sexuality*, Cambridge: Cambridge University Press, pp. 275-329.

Collier, J. and S. Yanagisako, 1987, *Gender and Kinship: Essays toward a Unified Analysis*, Stanford: Stanford University Press.

Collins, P. H., 1989, The Social Construction of Black Feminist Thought, *Signs* 14(4): 745-773.

Conkey, M. W., 1991, Contexts of Action, Contexts for Power: Material Culture and Gender in the Magdalenian, in J. M. Gero and M. W. Conkey (eds), *Engendering Archaeology: Women and Prehistory*, Oxford: Blackwell Publishers, pp. 57-92.

Conkey, M. W. and J. D. Spector, 1984, Archaeology and the Study of Gender, *Advances in Archaeological Method and Theory* 7: 1-38.

Conkey, M. W. and J. M. Gero, 1991, Tensions, Pluralities, and Engendering Archaeology: An Introduction to Women and Prehistory, in J. M. Gero and M. W. Conkey (eds), *Engendering Archaeology: Women and Prehistory*, Oxford: Blackwell Publishers, pp. 3-30.

Conkey, M. W. and J. M. Gero, 1997, Programme to Practice: Gender and

Feminism in Archaeology, *Annual Review of Anthropology* 26: 411-437.

Costin, C. L., 1996, Exploring the Relationship between Gender and Craft in Complex Societies: Methodological and Theoretical Issues of Gender Attribution, in R. Wright (ed), *Gender and Archaeology*, Philadelphia: University of Pennsylvania Press, pp. 111-142.

Crabtree, P., 1991, Gender Hierarchies and the Division of Labor in the Natufian Culture of the Southern Levant, D. Walde and N. Willows (eds), *The Archaeology of Gender*, Calgary: Archeol. Assoc. Univ. Calgary., pp. 384-391.

Crittenden, A. N. and F. W. Marlowe, 2008, Allomaternal Care among the Hadza of Tanzania, *Human Nature* 19: 249-262.

Dahlberg, F., 1981, *Woman the Gatherer*, New Haven: Yale University Press.

Daston, L. and P. Galison, 1992, The Image of Objectivity, *Representations* 40: 81-128.

Davis, E. G., 1971, *The First Sex*, New York: Putnam.

Deetz, J., 1977, *In Small Things Forgotten: The Archaeology of Early American Life*, New York: Doubleday Anchor.

Delphy, C., 1984, *Close to Home: A Materialist Analysis of Women's Oppression*, London: Hutchinson.

di Leonardo, M., 1991, *Gender at the Crossroads of Knowledge: Feminist Anthropology in the Postmodern Era*, Berkeley: University of California Press.

Diner, H., 1973, *Mothers and Amazons: The First Feminine History of Culture*, New York: Doubleday Anchor.

Dumont, L., 1970, *Homo Hierarchicus: The Caste System and Its Implications*, Chicago: University of Chicago Press. (trans. M. Sainsbury)

Engels, F., 1972[1942], *The Origin of the Family, Private Property, and the State*, New York: International Publishers.

Epstein, C. F., 1988, *Deceptive Distinctions: Sex, Gender and the Social Or-*

der, New Haven, CT: Yale University Press.

Estioko-Griffin, A. A., 1985, Women as Hunters: The Case of an Eastern Cagayan Agta Group, in P B. Griffin and A. Estioko-Griffin (eds), *The Agta of Northeastern Luzon: Recent Studies*, Cebu City: San Carlos, pp. 18-32.

Estioko-Griffin, A. A., 1986, Daughters of the Forest, *Natural History* 95: 36-43.

Estioko-Griffin, A. A. and P. B. Griffin, 1981, Woman the Hunter: The Agta, in F. Dahlberg (ed), *Woman the Gatherer*, New Haven, Conn: Yale University Press, pp. 121-151.

Estioko-Griffin, A. A. and P. B. Griffin, 1985, Women Hunters: The Implications for Pleistocene Prehistory and Contemporary Ethnography, in M. Goodman (ed), *Women in Asia and the Pacific: Towards an East-West Dialogue*, Honolulu: University of Hawaii Press, pp. 61-81.

Fedigan, L. M., 1986, The Changing Role of Women in Models of Human Evolution, *Annual Review of Anthropology* 15: 25-66.

Flannery, K. V. and M. C. Winter, 1976, Analyzing Household Activities, in K. Flannery (ed), *The Early Mesoamerican Village*, New York: Academic Press, pp. 34-44.

Flax, J., 1987, Postmodernism and Gender Relations in Feminist Theory, *Signs: Journal of Women in Culture and Society* 12(4): 621-643.

Flax, J., 1990, *Thinking Fragments: Psychoanalysis, Feminism, and Postmodernism in the Contemporary West*, Berkeley: University of California Press.

Fortes, M., 1969, *Kinship and the Social Order*, Chicago: Aldine.

Fritz, J. M., 1978, Paleopsychology Today: Ideational Systems and Human Adaptation in Prehistory, in C. Redman et al. (eds), *Social Archaeology: Beyond Subsistence and Dating*, New York: Academic Press, pp. 37-57.

Gailey, C., 1985, The State of the State in Anthropology, *Dialectical Anthropology* 9(1-4): 65-91.

Gero, J. M., 1985, Socio-politics of Archaeology and the Woman-at-Home Ideology, *American Antiquity* 50: 342-350.

Gero, J. M., 1991, Genderlithics: Women's Roles in Stone Tool Production, in J. M. Gero and M. W. Conkey (eds), *Engendering Archaeology: Women and Prehistory*, Oxford: Blackwell Publishers, pp. 163-193.

Gero, J. M. and M. W. Conkey, 1991, *Engendering Archaeology: Women and Prehistory*, Oxford: Blackwell Publishers.

Giddens, A., 1979, *Central Problems in Social Theory: Action, Structure, and Contradiction in Social Analysis*, Berkeley: University of California Press.

Gilchrist, R., 1991, Women's Archaeology? Political Feminism, Gender Theory and Historical Revision, *Antiquity* 65: 495-501.

Gilchrist, R., 1999, *Gender and Archaeology: Contesting the Past*, London: Routledge.

Glenn, E. N., 1987, Gender and the Family, in B. B. Hess and M. M. Ferree (eds), *Analyzing Gender*, Newbury Park: Sage Publications, pp. 348-380.

Goodman, M. J., P. B. Griffin, A. A. Estioko-Griffin, and J. S. Grove, 1985, The Compatibility of Hunting and Mothering among the Agta Hunter-Gatherers of the Philippines, *Sex Roles* 12(11): 1199-1209.

Gross, M. and M. B. Averill, 1983, Evolution and Patriarchal Myths of Scarcity and Competition, in S. Harding and M. Hintikka (eds), *Discovering Reality: Feminist Perspectives on Epistemology, metaphysics, Methodology and Philosophy of Science*, Boston: Reidel, pp. 71-95.

Gurven, M., and H. Kaplan, 2006, Determinants of Time Allocation across the Lifespan: A Theoretical Model and an Application to the Machiguenga and Piro of Peru, *Human Nature* 17: 1–49.

Gurven, M., H. Kaplan and M. Gutierrez, 2006, How Long Does It Take to Become a Proficient Hunter? Implications for the Evolution of Extended Development and Long Life Span, *Journal of Human Evolution* 51: 454–470.

Gurven, M., and K. Hill, 2009, Why Do Men Hunt? A Reevaluation of "Man the Hunter" and the Sexual Division of Labor, *Current Anthropology* 50(1), 51–74.

Handsman, R. G., 1991, Whose Art Was Found at Lepenski Vir? Gender Relations and Power in Archaeology, in J. M. Gero and M. W. Conkey (eds), *Engendering Archaeology: Women and Prehistory*, Oxford: Blackwell Publishers, pp. 329–365.

Haraway, D., 1988, Situated Knowledges: The Science Question in Feminism and the Privilege of Partial Perspective, *Feminist Studies* 14(3): 575–599.

Harding, S., 1983, Why Has the Sex/Gender System Become Visible Only Now? in S. Harding and M. B. Hintikka (eds), *Discovering Reality: Feminist Perspectives on Epistemology, Metaphysics, Methodology, and Philosophy of Science*, Boston: Reidel, pp. 311–324.

Harding, S., 1986, *The Science Question in Feminism*, Ithaca: Cornell University Press.

Hartmann, H., 1975, Capitalism, Patriarchy, and Job Segregation by Sex, *Signs: Journal of Women in Culture and Society* 1(3, Part 2): 137–169.

Hartmann, H., 1981, The Family as Locus of Gender, Class and Political Struggle: The Example of Housework, *Signs: Journal of Women in Culture and Society* 6(3): 366–394.

Hartsock, N., 1983, The Feminist Standpoint: Developing the Ground for a Specifically Feminist Historical Materialism, in S. Harding and

M. Hintikka (eds), *Discovering Reality: Feminist Perspectives on Epistemology, Metaphysics, Methodology and Philosophy of Science*, Boston: Reidel, pp. 283-310.

Hastorf, C. A., 1991, Gender, Space, and Food in Prehistory, J. M. Gero and M. W. Conkey (eds), *Engendering Archaeology: Women and Prehistory*, Oxford: Blackwell Publishers, pp. 132-159.

Hayden, B., 1992, Observing Prehistoric Women, C. Classen (ed), *Exploring Gender through Archaeology*, Madison: Prehistory Press, pp. 33-48.

Hill, J. and J. Gunn, 1977, *The Individual in Prehistory*, New York: Academic Press.

Hinsch, B., 2002, *Women in Early Imperial China*, Oxford: Rowman and Littlefield.

Hochschild, A., 1973, A Review of Sex Role Research, *American Journal of Sociology* 78(4): 1011-1025.

Hodder, I., 1982a, *Symbolic and Structural Archaeology*, Cambridge: Cambridge University Press.

Hodder, I., 1982b, *Symbols in Action: Ethnoarchaeological Studies of Material Culture*, Cambridge: Cambridge University Press.

Hodder, I., 1991, *Reading the Past*, Cambridge: Cambridge University Press.

hooks, b., 1984, *Feminist Theory: From Margin to Center*, Boston: South End Press.

Howell, N., 2010, *Life Histories of the Dobe !Kung: Food, Fatness, and Well-Being over the Life-Span*, Berkeley: University of California Press.

Hurtado, A., K. Hawkes, K. Hill and H. Kaplan, 1985, Female Subsistence Strategies among Ache Hunter-Gatherers of Eastern Paraguay, *Human Ecology* 13: 1-47.

Irigaray, L., 1985(1974), *Speculum of the Other Woman*, Ithaca, NY: Cornell University Press.

Isaac, G. L., 1978a, The Food-sharing Behavior of Protohuman Hominids, *Scientific American* 238(4): 90-108.

Isaac, G. L., 1978b, Food Sharing and Human Evolution: Archaeological Evidence from the Plio-Pleistocene of South Africa, *Journal of Anthropological Research* 34: 311-325.

Jackson, T. L., 1991, Pounding Acorn: Women's Production as Social and Economic Focus, in J. M. Gero and M. W. Conkey (eds), *Engendering Archaeology: Women and Prehistory*, Oxford: Blackwell Publishers, pp. 301-325.

Jay, N., 1991, Gender and Dichotomy: Male Theories of Power, in S. Gunew (ed), *A Reader in Feminist Knowledge*, New York: Routledge, pp. 89-106.

Joyce, R. A., 1993, *Embodying Personhood in Prehispanic Costa Rica*, Wellesley, MA: Davis Mus. Cult, Cent., Wellesley Coll.

Joyce, R. A., 1996, *Performance and Inscription: Negotiating Sex and Gender in Classic Maya Society*, Presented at Pre-Columb. Stud. Symp., Dumbarton Oaks, Washington, DC.

Keller, E. F., 1983, *A Feeling for the Organism*, New York: Freeman.

Keller, E. F., 1985, *Reflections on Gender and Science*, New Haven, CT: Yale University Press.

Kessler, S. and W. McKenna, 1985(1978), *Gender: An Ethnomethodological Approach*, Chicago: University of Chicago Press.

Knight, C., 1991, *Blood Relations: Menstruation and the Origins of Culture*, London: Yale University Press.

Kus, S., 1992, Toward an Archaeology of Body and Soul, in J. C. Gardin and C. Peebles (eds), *Representations in Archaeology*, Bloomington: Indiana University Press.

LaFontaine, J. S., 1978, Introduction, in *Sex and Age as Principles of Social Differentiation*, ASA Monograph 17, New York: Academic Press, pp. 3-20.

Lamphere, L., 1977, Review Essay: Anthropology, *Signs, Journal of Women in Culture and Society* 2(3): 612-627.

Lamphere, L., 2006, Foreword: Taking Stock – The Transformation of Feminist Theorizing in Anthropology, in P. L. Geller and M. K. Stockett (eds), *Feminist Anthropology: Past, Present, and Future*, Philadelphia: University of Pennsylvania Press, pp. ix-xvi.

Landes, R., 1938, *The Ojibwa Woman*, New York: Columbia University Press.

Laughlin, W. S., 1968, Hunting: An Integrating Biobehavior System and Its Evolutionary Importance, in R. Lee and I. Devore (eds), *Man the Hunter*, Chicago: Adline, pp. 304-320.

Lawrence-Cheney, S., 1991, Women and Alcohol: Female Influence on Recreational Patterns in the West, 1880-1890, in D. Walde and N. Willows (eds), *The Archaeology of Gender*, Calgary: Archeol. Assoc. Univ. Calgary., pp. 479-489.

Lawrence-Cheney, S., 1993, Gender on Colonial Peripheries, in H. du Cros and L. Smith (eds), *Women in Archaeology: A Feminist Critique*, Canberra: Australian National University, pp. 134-137.

Leacock, E. B., 1972, Introduction, in F. Engels, *The Origin of the Family, Private Property, and the State*, New York: International Publishers.

Leacock, E., 1980, Montagnais Women and the Jesuit Program for Colonization, in M. Etienne and E. Leacock (eds), *Women and Colonization: Anthropological Perspectives*, New York: Praeger.

Leacock, E., 1981, *Myths of Male Dominance: Collected Articles on Women Cross-Culturally*, New York: Monthly Review Press.

Lechtman, H., 1976, Style in Technology – Some Early Thoughts, in H. Lechtman and R. Merrill (eds), *Material Culture: Style, Organization, and Dynamics of Technology*, Proceedings of American Ethnological Society 1975, St. Paul: West Publishing, pp. 3-20.

Leone, M. P., 1973, Archaeology as the Science of Technology: Mormon Town Plans and Fences, in C. L. Redman (ed), *Research and Theory in Current Archaeology*, New York: John Wiley & Sons, pp. 125-150.

Leone, M. P., 1982, Some Opinions about Recovering Mind, *American Antiquity* 47(4): 742-760.

Lévi-Strauss, C., 1963, *Structural Anthropology*, New York: Basic Books. (trans. C. Jacobson and B. G. Schoepf)

Lévi-Strauss, C., 1969, *The Elementary Structures of Kinship*, Boston: Beacon Press. (trans. J. H. Bell and J. R. von Sturmer)

Liebowitz, L., 1978, *Males, Females, Families*, North Scituate, MA: Duxbury Press.

Longino, H., 1987, Can There Be a Feminist Science? *Hypatia* 2: 52-64.

Longino, H., 1990, *Science as Social Knowledge: Values and Objectivity in Science*, Princeton, NJ: Princeton University Press.

Longino, H., 1993, Essential Tensions - Phase Two: Feminist, Philosophical and Social Studies of Science, in L. Antony and C. Witt (eds), *A Mind of One's Own: Feminist Essays on Reason and Objectivity*, Boulder, CO: Westview, pp. 257-272.

Longino, H., 1994, In Search of Feminist Epistemology, *Monist* 77: 472-485.

Longino, H. and R. Doell, 1983, Body, Bias, and Behavior: A Comparative Analysis of Reasoning in Two Areas of Biological Science, *Signs: Journal of Women in Culture and Society* 9(2): 206-227.

Lorber, J., 1994, *Paradoxes of Gender*, New Haven, CT: Yale University Press.

Lovejoy, C. O., 1981, The Origin of Man, *Science* 211: 341-350.

MacCormack, C. and M. Strathern, 1980, *Nature, Culture and Gender*, Cambridge: Cambridge University Press.

Marlowe, F., 2005, Who Tends Hadza Children? in B. Hewlett and M. Lamb (eds), *Hunter-Gatherer Childhoods*, New York: Aldine de Gruyter, pp. 177-790.

Marlowe, F. W., 2010, *The Hadza: Hunter-gatherers of Tanzania*, California: University of California Press.

Martin, M. K. and B. Voorhies, 1975, *Female of the Species*, New York: Columbia University Press.

McCafferty, S. D. and G. G. McCafferty, 1994, Engendering Tomb 7 at Monte Alban: Respinning an Old Yarn, *Current Anthropology* 35: 143-166.

McGaw, J., 1982, Women and the History of American Technology, *Signs: Journal of Women in Culture and Society* 7(4): 798-828.

McGaw, J., 1989, No Passive Victims, No Separate Spheres, in S. H. Cutliffe and R. C. Post (eds), *Context, History and History of Technology*, Bethlehem, PA: Lehigh University Press, pp. 172-191.

Meehan, C. L., 2005, The Effects of Residential Locality on Parental and Alloparental Care among the Aka Foragers of the Central African Republic, *Human Nature* 16: 58-80.

Milton, K., 1978, Male Bias in Anthropology, *Man* (n.s.) 14: 40-54.

Moore, H. L., 1986, *Space, Text and Gender: An Anthropological Study of the Marakwet of Kenya*, Cambridge: Cambridge University Press.

Moore, H. L., 1991, Epilogue, in J. M. Gero and M. W. Conkey (eds), *Engendering Archaeology: Women and Prehistory*, Oxford: Blackwell Publishers, pp. 407-411.

Moore, H. L., 2006, The Future of Gender or the End of a Brilliant Career? in P. L. Geller and M. K. Stockett (eds), *Feminist Anthropology: Past, Present, and Future*, Philadelphia: University of Pennsylvania Press, pp. 23-42.

Morgan, E., 1972, *The Descent of Woman*, New York: Stein and Day.

Moulton, J., 1983, A Paradigm of Philosophy: The Adversary Method, in S. Harding and M. B. Hintikka (eds), *Discovering Reality*, Dordrecht: Reidel, pp. 149-164.

Mukhopadhyay, C. C. and P. J. Higgins, 1988, Anthropological Studies of Women's Status Revisited: 1977-1987, *Annual Review of Anthropology* 17: 461-495.

Murphy, Y. and R. Murphy, 1974, *Women of the Forest*, New York: Columbia University Press.

Nash, J. and E. Leacock, 1977, Ideologies of Sex: Archetypes and Stereotypes, *Annals of the New York Academy of Science* 285: 618-645.

Nelson, S., 1991, The 'Goddess Temple' and the Status of Women at Niuheliang, China, in D. Walde and N. Willows (eds), *The Archaeology of Gender*, Calgary: Archeol. Assoc. Univ. Calgary, pp. 302-308.

Ortner, S. B., 1972, Is Female to Male as Nature Is to Culture?, *Feminist Studies* 1(2): 5-31.

Ortner, S. B., 1984, Theory in Anthropology since the Sixties, *Comparative Studies in Society and History* 26(1): 126-166.

Ortner, S. B., 1990, Gender Hegemonies, *Cultural Critique* 14: 35-80.

Ortner, S. B., 1996, So, *Is* Female to Male as Nature Is to Culture?, in S. B. Ortner, *Making Gender: The Politics and Erotics of Culture*, Boston: Beacon Press, pp. 173-180.

Ortner, S. B. and H. Whitehead, 1981a, *Sexual Meanings: The Cultural Construction of Gender and Sexuality*, Cambridge: Cambridge University Press.

Ortner, S. B. and H. Whitehead, 1981b, Introduction: Accounting for Sexual Meaningins, in S. B. Ortner and H. Whitehead (eds), *Sexual Meanings: The Cultural Construction of Gender and Sexuality*, Cambridge: Cambridge University Press, pp. 1-27.

Pader, E., 1982, Symbolism, Social Relations and the Interpretation of Mortuary Remains, *British Archaeological Reports*, International Series 130.

Parker-Pearson, M., 1982, Mortuary Practices, Society and Ideology: An Ethnoarchaeological Study, in I. Hodder (ed), *Symbolic and Struc-*

tural Archaeology, Cambridge: Cambridge University Press, pp. 99-113.

Pohl, M., 1991, Women, Animal Rearing and Social Status: the Case of the Formative Period Maya of Central America, in D. Walde and N. Willows (eds), *The Archaeology of Gender*, Calgary: Archeol. Assoc. Univ. Calgary, pp. 392-399.

Pollock, S., 1991, Women in a Men's World: Images of Sumerian Women, in J. M. Gero and M. W. Conkey (eds), *Engendering Archaeology: Women and Prehistory*, Oxford: Blackwell Publishers, pp. 366-387.

Quinn, N., 1977, Anthropological Studies on Women's Status, *Annual Review of Anthropology* 6: 181-225.

Rapp, R., 1979, Review Essay: Anthropology, *Signs: Journal of Women in Culture and Society* 4(3): 497-513.

Reed, E., 1975, *Women's Evolution: From Matriarchal Clan to Patriarchal Family*, New York: Pathfinder Press.

Reiter, R. R., 1975, *Toward an Anthropology of Women*, New York: Monthly Review Press.

Robb, J., 1994, Gender Contradictions, Moral Coalitions and Inequality in Prehistoric Italy, *Journal of European Archaeology* 2: 20-49.

Roberts, C., 1993, A Critical Approach to Gender as a Category of Analysis in Archaeology, in H. du Cros and L. Smith (eds), *Women in Archaeology: A Feminist Critique*, Canberra: Australian National University, pp. 16-21.

Rogers, S. C., 1975, Female Forms of Power and the Myth of Male Dominance: A Model of Female/Male Interaction in Peasant Society, *American Ethnologist* 2(4): 727-755.

Rogers, S. C., 1978, Women's Place: A Critical Review of Anthropological Theory, *Comparative Studies in Society and History* 20(1): 123-162.

Rohrlich-Leavitt, R., 1977, Women in Transition: Crete and Sumer, in R. Bridenthal and C. Koonz (eds), *Becoming Visible: Women in European History*, Boston: Houghton-Mifflin Co., pp. 36-59.

Rohrlich-Leavitt, R., B. Sykes, and E. Weatherford, 1975, Aboriginal Women: Male and Female Anthropological Perspectives, in R. R. Reiter (ed), *Toward an Anthropology of Women*, New York: Monthly Review Press, pp. 110-126.

Rosaldo, M. Z., 1974, Woman, Culture and Society: A Theoretical Overview, in M. Z. Rosaldo and L. Lamphere (eds), *Woman, Culture and Society*, Stanford: Stanford University Press.

Rosaldo, M. Z., 1980, The Use and Abuse of Anthropology: Reflections on Feminism and Cross-Cultural Understanding, *Signs: Journal of Women in Culture and Society* 5(3): 389-417.

Rosaldo, M. Z. and L. Lamphere, 1974a, *Woman, Culture and Society*, Stanford: Stanford University Press.

Rosaldo, M. Z. and L. Lamphere, 1974b, Introduction, in M. Z. Rosaldo and L. Lamphere (eds), *Woman, Culture and Society*, Stanford: Stanford University Press.

Rubin, G., 1975, The Traffic in Women: Notes on the 'Political Economy' of Sex, in R. R. Reiter (ed), *Toward an Anthropology of Women*, New York: Monthly Review Press, pp. 157-210.

Russell, P., 1991, Men Only? The Myths about European Paleolithic Artists, in D. Walde and N. Willows (eds), *The Archaeology of Gender*, Calgary: Archeol. Assoc. Univ. Calgary, pp. 346-351.

Ryan, M., 1981, *Cradle of the Middle Class: The Family in Oneida County, New York*, Cambridge: Cambridge University Press.

Sacks, K., 1976, State Bias and Women's Status, *American Anthropologist* 78(3): 565-569.

Sacks, K., 1979, *Sisters and Wives: The Past and Future of Sexual Equality*, Westport, Connecticut: Greenwood Press.

Sanday, P. R., 1981, *Female Power and Male Dominance: On the Origins of Sexual Inequality*, New York: Cambridge University Press.

Schiffer, M. B., 1976, *Behavioral Archaeology*, New York: Academic Press.

Schrire, C., 1995, *Digging through Darkness: Chronicles of an Archaeologist*, Charlottesville: University of Virginia Press.

Scott, J. W., 1986, Gender: A Useful Category of Historical Analysis, *American Historical Review* 81: 1053-1075.

Scott, J. W., 1988, *Gender and the Politics of History*, New York: Columbia University Press.

Seifert, D., 1994, Mrs. Starr's Profession, in E. Scott (ed), *Those of Little Note: Gender, Race and Class in Historical Archaeology*, Tucson: University of Arizona Press, pp. 149-174.

Shanks, M. and C. Tilley, 1987a, *Re-constructing Archaeology*, Cambridge: Cambridge University Press.

Shanks, M. and C. Tilley, 1987b, *Social Theory and Archaeology*, Albuquerque: University of New Mexico Press.

Shanks, M. and C. Tilley, 1989, Archaeology into the 1990s, *Norwegian Archaeological Review* 22(1): 1-54.

Shennan, S., 1986, Towards a Critical Archaeology? *Proceedings of the Prehistoric Society* 52: 327-356.

Silverblatt, I., 1988, Women in States, *Annual Review of Anthropology* 17: 427-460.

Slocum, S., 1975, Woman the Gatherer: Male Bias in Anthropology, in R. R. Reiter (ed), *Toward an Anthropology of Women*, New York: Monthly Review Press, pp. 36-50.

Sørensen, M. L. S., 2000, *Gender Archaeology*, Cambridge: Polity Press.

Sørensen, M. L. S., 2005, Feminist Archaeology, in C. Renfrew and P. Bahn (eds), *Archaeology: The Key Concepts*, London and New York: Routledge.

Spector, J. D., 1982, Male/female Task Differentiation among the Hidatza:

Toward the Development of an Archaeological Approach to the Study of Gender, in P. Albers and B. Medicine (eds), *The Hidden Half: Studies of Native Plains Women*, Washington, D. C.: University Press of America.

Spector, J. D., 1991, What This Awl Means, in J. M. Gero and M. W. Conkey (eds), *Engendering Archaeology: Women and Prehistory*, Oxford: Blackwell Publishers, pp. 388-406.

Spector, J. D., 1993, *What This Awl Means: Feminist Archaeology at a Wahpeton Dakota Village*, Minneapolis: Minn. Hist. Soc.

Stacey, J., 1988, Can There be a Feminist Ethnography? *Women's Studies International Forum* 11: 22-27.

Stockett, M. K. and P. L. Geller, 2006, Introduction, Feminist Anthropology: Perspectives on Our Past, Present, and Future, in P. L. Geller and M. K. Stockett (eds), *Feminist Anthropology: Past, Present, and Future*, Philadelphia: University of Pennsylvania Press, pp. 1-19.

Tanner, N., 1981, *On Becoming Human*, Cambridge: Cambridge University Press.

Tanner, N. and A. Zihlman, 1976, Women in Evolution, *Signs: Journal of Women in Culture and Society* 1(3): 104-119.

Topley, M., 1975, Marriage Resistance in Rural Kwangtung, in M. Wolf and R. Witke (eds), *Women in Chinese Society*, Stanford: Stanford University Press.

Tringham, R., 1991, Households with Faces: The Challenge of Gender in Prehistoric Architectural Remains, in J. M. Gero and M. W. Conkey (eds), *Engendering Archaeology: Women and Prehistory*, Oxford: Blackwell Publishers, pp. 93-131.

Tsing, A. L., 1990, Gender and Performance in Meratus Dispute Settlement, in J. Atkinson and S. Errington (eds), *Power and Difference: Gender in Island Southeast Asia*, Stanford: Stanford University Press, pp. 95-125.

Valeri, V., 1990, Both Nature and Culture: Reflections on Menstrual and Parturitional Taboos in Huaulu (Seram), in J. Atkinson and S. Errington (eds), *Power and Difference: Gender in Island Southeast Asia*, Stanford: Stanford University Press, pp. 235-272.

Van Allen, J., 1972, Sitting on a Man: Colonialism and the Lost Political Institutions of Igbo Women, *Canadian Journal of African Studies* 6: 165-181.

Venkataraman, V. V., J. Hoffman, K. Farquharson, H. E. Davis, E. H. Hagen, R. B. Hames, B. S. Hewlett, L. Glowacki, H. Jang, R. Kelly, K. Kramer, S. Lew-Levy, K. Starkweather, K. Syme, and D. N. E. Stibbard-Hawkes, 2024, Female Foragers Sometimes Hunt, yet Gendered Divisions of Labor are Real: A Comment on Anderson et al. (2023) The Myth of Man the Hunter, *Evolution and Human Behavior* 45: 1-8.

Wallman, S., 1976, Difference, Differentiation, Discrimination, *New Community: Journal of the Community Relations Commission* V (1-2).

Washburn, S. and C. S. Lancaster, 1968, The Evolution of Hunting, in R. Lee and I. DeVore (eds), *Man the Hunter*, Chicago: Aldine, pp. 293-303.

Watson, P. J. and M. C. Kennedy, 1991, The Development of Horticulture in the Eastern Woodlands of North America: Women's Role, in J. M. Gero and M. W. Conkey (eds), *Engendering Archaeology: Women and Prehistory*, Oxford: Blackwell Publishers, pp. 255-275.

Weber, M., 1958, *From Max Weber: Essays in Sociology*, New York: Oxford University Press. (trans. and eds. H. H. Gerth and C. W. Mills)

Weber, M., 1978, *Economy and Society: An Outline of Interpretive Sociology*, Berkeley: University of California Press. (G. Roth and C. Wittich eds. and E. Fischoff et al. trans.)

Weiner, A., 1976, *Women of Value, Men of Renown*, Austin: University of Texas Press.

Westkott, M., 1979, Feminist Criticism of the Social Sciences, *Harvard Educational Review* 49: 422–430.

Wilk, R. and W. Rathje, 1982, Archaeology of the Household: Building a Prehistory of Domestic Life, *American Behavioral Scientist* 25(6): 611–724.

Williams, R., 1977, *Marxism and Literature*, Oxford: Oxford University Press.

Winters, H., 1968, Value Systems and Trade Cycles of the Late Archaic in the Midwest, in S. R. Binford and L. R. Binford (eds), *New Perspectives in Archaeology*, Chicago: Aldine, pp. 175–222.

Wobst, H. M. and A. Keene, 1983, Archaeological Explanation as Political Economy, in J. Gero, D. Lacy, and M. Blakey (eds), *The Socio-politics of Archaeology*, Amherst: University of Massachusetts, Department of Anthropology Research Report No. 23, pp. 79–90.

Wright, R. P., 1991, Women's Labor and Pottery Production in Prehistory, in J. M. Gero and M. W. Conkey (eds), *Engendering Archaeology: Women and Prehistory*, Oxford: Blackwell Publishers, pp. 194–223.

Wylie, M. A., 1982, Epistemological Issues Raised by a Structural Archaeology, in I. Hodder (ed), *Symbolic and Structural Archaeology*, Cambridge: Cambridge University Press, pp. 39–46.

Wylie, A., 1991, Gender Theory and the Archaeological Record: Why Is There No Archaeology of Gender?, in J. M. Gero and M. W. Conkey (eds), *Engendering Archaeology: Women and Prehistory*, Oxford: Blackwell Publishers, pp. 31–54.

Wylie, A., 2006, Afterword: On Waves, in P. L. Geller and M. K. Stockett (eds), *Feminist Anthropology: Past, Present, and Future*, Philadelphia: University of Pennsylvania Press, pp. 167–175.

Wylie, A., 1995, Doing Philosophy as a Feminist: Longino on the Search for a Feminist Epistemology, *Philosophical Topics* 23(2): 345–358.

Zihlman, A., 1978, Women in Evolution, Part II: Subsistence and Social Organization in Early Hominids, *Signs: Journal of Women in Culture and Society* 4(1): 4-20.

Zihlman, A., 1981, Women as Shapers of the Human Adaptation, in F. Dahlberg (ed),*Woman the Gatherer*, New Haven, Connecticut: Yale University Press, pp. 75-102.

Zihlman, A., 1982, Whatever Happened to Woman-the-Gatherer? Paper Presented at Annual Meetings, American Anthropological Association, Washington, D.C.

첨부 1   남한지역 신석기시대 남성과 여성의 무덤 (우정연 2023: 28–30의 부록1 수정보완)

유적	입지	유구(기)	무덤/인골	성별	연령	매장자세	출토품	출전
여수 안도 패총	도서	무덤4 (인골5개체), 노지9, 수혈유구11, 집석유구3	1호/1호	여성	성년(20대)	앙와신전장		국립광주 박물관 2009
			1호/2호	남성	성년(30대)	앙와신전장	조개팔찌	
			2호/3호	남성	성년(30대)	앙와신전장		
			3호/4호	여성	숙년(50대)	앙와신전장	조개팔찌	
			4호/5호	남성	노년 (60대 이상)	앙와신전장		
울진 후포리 유적	해안	산 정상부 구덩이 (인골40개체 이상)	–	(남성 8인, 여성 9인 포함)	소아 (10대 이전), 약년(10대) 3인, 성년 17인 (20대 14인, 30대 3인), 숙년(40대)	세골장	석부(장대형), 소형석봉, 석제수식, 관옥	국립경주 박물관 1991
부산 가덕도 장항 유적	도서	묘역 (인골48개체), 집석유구86, 수혈150,	1호	여성	숙년(40대)	강굴	토기, 조개팔찌	한국문물 연구원 2014
			2호	남성	숙년(40대)	강굴	토기	
			5호	여성	노년	굴장		
			6호	남성	숙년(40대)	강굴	조개팔찌	
			7호	여성	성년(20대)	신전장	토기, 옥제경식	
			8호	남성	성년(30대)	강굴	토기, 조개팔찌	
			9호	남성	숙년(40대)	강굴	토기, 흑요석	
			11호	남성	?	강굴	토기	
			14호	여성	노년	강굴	조개팔찌	
			15호	남성	?	신전장	토기	
			16호	여성	성년(30대)	신전장	토기	
			17호	여성	소아 (10세 이하)	신전장	토기, 불명석기	
			19호	남성	성년(30대)	신전장	토기	
			20호	여성	숙년(40대)	강굴	토기, 불명석기, 고래늑골	

유적	입지	유구(기)	무덤/인골	성별	연령	매장자세	출토품	출전
부산 가덕도 장항 유적	도서	묘역 (인골48개체), 집석유구86, 수혈150,	21호	여성	성년(30대)	강굴	토기, 불명석기 (석봉? 지석?)	한국문물 연구원 2014
			23호	남성	숙년(40대)	강굴		
			27호	남성	성년(30대)	신전장	토기	
			28호	여성	숙년(40대)	신전장	토기	
			29호	여성	?	강굴	토기, 석부	
			30호	여성	?	?	토기	
			33호	여성	성년(20대)	강굴	석부, 흑요석, 옥제경식	
			34호	남성	숙년(40대)	강굴	토기	
			35호	남성	성년(30대)	신전장	토기, 적색안료	
			37호	여성	성년(30대)	?	토기	
			38호	남성	숙년(50대)	강굴		
			40호	남성	숙년(50대)	강굴	토기	
			42호	여성	성년(20대)	굴장	상어이빨경식	
			45호	여성	?	?	토기	
			46호	남성	숙년(50대)	강굴	사슴뼈경식	
			48호	남성	노년(60대)	?	골각기	
통영 연대도 유적	도서	무덤13 (인골17개체), 수혈, 주혈	1호	남성	성년(30대)	앙와신전장	토기, 석기류	국립진주 박물관 1993
			2호/A	여성?	숙년(40대)	?	조개팔찌	
			4호	남성	성년(30대)	앙와신전장	토기, 석기류	
			5호	여성	성년(30대)	부신장	토기, 흑요석, 이음낚시바늘	
			7호	남성	성년(30대)	앙와신전장	토기, 석부, 숫돌, 발찌 (돌고래·수달·너구리 이빨)	
			9호	남성	숙년(40대)	앙와신전장	토기, 불명석기	

유적	입지	유구(기)	무덤/인골	성별	연령	매장자세	출토품	출전
통영 연대도 유적	도서	무덤13 (인골17개체), 수혈, 주혈	10호	남성	성년(30대)	앙와신전장	토기, 불명석기	국립진주 박물관 1993
			11호	남성	성년(30대)	앙와신전장	토기, 불명석기, 흑요석, 골각기	
			12호	여성	숙년(40대)	?	토기, 이음낚시바늘	
			13호	여성?	성년(30대)?	?		
			14호	여성?	성년(30대)	앙와신전장	토기, 불명석기, 흑요석, 골각기, 관옥팔찌	
			15호	여성?	성년(30대)	앙와신전장	토기, 불명석기	
통영 욕지도 유적	도서	무덤2 (인골3개체 이상), 돌무지 시설, 기둥구멍	1호	남성	성년(30대)	?		국립진주 박물관 1989
			2호/1호	남성	숙년(40대)	?		
			2호/2호	여성	성년(20대)	?		
통영 산등 패총	도서	패총 (인골1개체)		여성	약년(13-15세)	앙와신전장	조개팔찌	부산수산 대학박물관 1989

첨부 2 남한지역 청동기시대 남성과 여성의 무덤 (우정연 2025: 54–56의 첨부1 수정)

성별	지역	유적	유구 (기)	인골출토무덤			무덤 분포상
				무덤	연령대	장법/ 매장자세	
여성	경기 서부	안성 만정리	지석묘1, 석관묘5, 주거지11, 수혈유구1	3호 석관묘	성년 이상 (20-30대)	화장	공동묘역 단순군집
	남한강 유역	평창 하리	석관묘9, 상석3	2호 석관묘	성년 전반 (20대)	약굴	공동묘역 북쪽 가장자리
	낙동강· 남강유역	달성 진천동	석관묘3	3B호	성년 (20세 전후)	굴장	열상 가장자리
		옥방 5지구	석관묘9, 주거지50, 수혈유구9, 야외노지13, 지상건물지1, 경작유구	A-1호 석관묘	노년 (60세 이상)	굴장	주거군 외곽 단독
		옥방 7지구	석관묘5, 주거지20, 수혈유구90, 구상유구11, 환호	가-17호 석관묘	(성인)	신전장 (단수)	?
		사천 본촌리	석관묘4, 주거지18, 구상유구1	가2호 석관묘	성년 (30대)	굴장 (복상발치)	주거군 인접 단순군집
남성	경기 서부	평택 토진리	석관묘1, 적석유구1, 주거지32, 수혈유구19	1호 석관묘	(성인)	화장	정상부 단독
	남한강 유역	제천 황석리	지석묘42	13호 지석묘	?	신전장	공동묘역 열상
				충6호 고인돌	약년 (20세 이전)	신전장	공동묘역 열상
				충7호 고인돌	성년 (20대 후반- 30대 초반)	신전장	공동묘역 열상
				충17호 고인돌	성년 (30세 전후)	신전장	공동묘역 열상
	섬진강· 영산강 유역	나주 랑동	지석묘3	1호 지석묘	숙년 이상 (40대 이상)	화장	공동묘역 열상
		장흥 갈두 II	지석묘61, 주거지10, 수혈유구1	48호 지석묘	숙년 이상 (40대 이상)	화장	공동묘역 열상
	낙동강· 남강유역	달성 평촌리	석관묘28, 옹관묘3, 주거지2, 수혈유구14, 집석유구1	3호 석관묘	성년 (30-34세)	굴장	공동묘역 열 외곽
				12호 석관묘	성년 (20-24세)	?	공동묘역 열상

출토품 위치					출전
매장주체부 외곽부	매장주체부 바닥 위	매장주체부 내부토	개석부	무덤 주변 (묘역 포함)	
					경기문화재연구원 2009
	비파형동검 (가슴-허리부분: 2분), 관옥, 환옥, 무경식석촉3	무경식석촉3, 마연토기편			한국문화재재단 2018
					강인구 1980
					선문대학교 2001
	마연토기				김재현 2002, 경남문화재연구원 2001
세장일단경식석촉 (일부결실)		유엽형석촉 (일부결실)	일단병식석검(3분)		경상대학교박물관 2011
유절병식석검편하부, 장릉형석촉					기전문화재연구원 2006
	유경식석검 (무릎 옆, 봉부 머리쪽)				국립중앙박물관 1967, 충북대학교박물관 1984
	사슴뼈				
	곡옥2, 관옥4, 소뼈				
	착/일단병식석검 (허벅지 부분), 돼지이빨			석부, 무문토기편	
	유경식석검(2분)	무문토기편			전남문화재연구원 2006
석촉편	마연토기편, 방추차	석촉편, 석도		석부편, 방추차편	호남문화재연구원 2006
마연토기편	착/일단병식석검, 일단경식석촉9				경상북도 문화재연구원 2010
합인석부	일단병식석검				

성별	지역	유적	유구 (기)	인골출토무덤			무덤 분포상
				무덤	연령대	장법/ 매장자세	
남 성	낙동강· 남강유역	달성 평촌리	석관묘28, 옹관묘3, 주거지2, 수혈유구14, 집석유구1	13호 석관묘	성년 (25-29세)	신전장	공동묘역 열상
				16호 석관묘	숙년 (45-55세)	신전장	공동묘역 열상
				17호 석관묘	성년 (30-34세)	굴장	공동묘역 열상
				20호 석관묘	성년 (30-34세)	굴장	공동묘역 열상
				22호 석관묘	성년 (30-34세)	신전장	공동묘역 열상
				25호 석관묘	약년 (12-18세)	굴장	공동묘역 열상
				27호 석관묘	성-숙년 (35-45세)	?	공동묘역 열상
				28호 석관묘	성년 (30-34세)	굴장	공동묘역 열상
		옥방 4지구	석관묘5/29, 주거지15/35, 수혈유구5, 야외노지22, 환호2, 전작지1	4호 석관묘	노년 (60세 이상)	굴장	주거구역 외곽 단독
				26호 석관묘	노년 (60세 이상)	신전장	주거구역 내 혼재
		진주 중천리	석관묘6, 주거지1, 수혈유구2, 구2	III-1호 석관묘	숙년 전반 (40-49세)	굴장	단순군집

출토품 위치					출전
매장주체부 외곽부	매장주체부 바닥 위	매장주체부 내부토	개석부	무덤 주변 (묘역 포함)	
제형석도	일단병식석검				경상북도문화재 연구원 2010
	착/일단병식석검, 일단경식석촉, 유엽형석촉4				
	착/일단병식석검, 일단경식석촉7, 유엽형석촉2, 석촉편1				
	착/유절병식석검, 일단경식석촉12				
	착/일단병식석검, 일단경식석촉9, 형식불명석촉2			삼각형 점토대토기편, 무문토기편	
	일단경식석촉2				
	착/일단병식석검, 일단경식석촉14				
					김재현 2002, 동의대학교박물관 2008
	석검 (미보고)				
	일단병식석검(복부)				우리문화재연구원 2009

찾아보기

ㄱ

가구 23, 28-29, 32, 35, 38-39, 55,
    61-62, 69-71, 75, 91-92,
    105, 117

가부장제 61, 115

가족 28, 35, 55, 58-62, 64, 70, 72,
    83, 106, 116-117, 127-
    128

개인 14, 29-30, 36, 56, 65-66, 68,
    92, 99, 102

객관성 19, 47-49, 114, 124

객체 39-40, 45, 48-49

거븐 52-53

검 5, 11, 15-16, 18, 26-27, 29, 31,
    36, 38, 46, 55, 62-63, 83,
    89-90, 97-100, 102-109,
    124, 127-129, 155, 157

계로 15, 31-48

경험적 17-18, 64, 72, 76, 79, 92, 97,
    107

계급 19, 33-34, 42-43, 46, 59, 62,
    84

계층 3, 42, 44, 58, 106, 114, 125

계층화 44, 114, 125

고구려 3, 16, 97, 114, 117, 120-121,
    124, 127-129

공적 13, 28-29, 48, 61-62, 89, 91-
    93, 116-117

과업-분화 30-31

과학 8, 14, 33, 41, 47-49, 84, 114,
    124

관행 이론 14, 44

교차성 46

구조 5, 8, 13-14, 18-19, 22, 27, 29-
    31, 33, 35, 38, 44, 59,
    63-67, 70-71, 76-78,
    85-86, 90, 94, 106, 109,
    111, 114-115, 123

구조주의 13, 86

국가 29, 35, 38-39, 58-59, 61-62,
    72, 83, 116-117, 127-128

권력에의 의지 75

그람시 87

길크리스트 13

ㄴ

남성성 43, 75, 99-100, 102, 116,
    129

남성중심적, 남성중심주의 12, 14,
    17-20, 22-23, 26-28,
    30-31, 36, 38-39, 124

내/외 116-117

노동 분업 20-22, 30, 38, 56-57, 88,
    90

농경 3, 32, 38-39, 41, 58, 98-99,
    105, 114, 125

농경문 청동기 98-99